外国知识产权法律译丛

日本商标法

李 扬 [译]

知识产权出版社
INTELLECTUAL PROPERTY PUBLISHING HOUSE

内容提要

本书为日本商标法最新修订版的中文译本。

读者对象：知识产权领域从业人员，高校法学院师生。

责任编辑：卢海鹰		责任校对：韩秀天	
版式设计：Zdesign書裝設計		责任出版：卢运霞	

图书在版编目(CIP)数据

日本商标法/李扬译. —北京：知识产权出版社，2011.1
（外国知识产权法律译丛）
ISBN 978－7－5130－0211－0

Ⅰ.①日… Ⅱ.①李… Ⅲ.①商标法－日本 Ⅳ.①D931.33
中国版本图书馆 CIP 数据核字（2010）第 195083 号

外国知识产权法律译丛

日本商标法
RIBEN SHANGBIAOFA

李　扬　译

出版发行：知识产权出版社	
社　　址：北京市海淀区马甸南村 1 号	邮　编：100088
网　　址：http://www.ipph.cn	邮　箱：bjb@cnipr.com
发行电话：010－82000860 转 8101/8102	传　真：010－82005070/82000893
责编电话：010－82000860 转 8122	
印　　刷：知识产权出版社电子制印中心	经　销：新华书店及相关销售网点
开　　本：880mm×1230mm　1/32	印　张：2.75
版　　次：2011 年 1 月第 1 版	印　次：2011 年 1 月第 1 次印刷
字　　数：80 千字	定　价：18.00 元
ISBN 978-7-5130-0211-0/D・1095　(3153)	

出版权专有　侵权必究
如有印装质量问题，本社负责调换

出版说明

知识产权出版社自成立以来一直秉承"为知识产权事业服务、为读者和作者服务、促进社会发展和科技进步"的办社宗旨，竭诚为知识产权领域的行政管理者、高校相关专业师生、法律实务工作者以及社会大众提供最优质的出版服务。

为满足国内学术界、法律实务界对相关国家知识产权法律的了解、学习及研究需求，知识产权出版社组织国内外相关法学知名学者翻译出版了这套"外国知识产权法律译丛"，涉及的外国法律主要包括美国、法国、德国、日本等国家的最新专利法、商标法、著作权法。陆续出版的相关法律（中文译本）包括：《外国专利法选译》《日本商标法》《日本著作权法》《法国知识产权法典》《美国专利法》《美国商标法》《美国著作权法》《德国著作权法》《德国商标法》等，其他具有代表性的国家或洲际的知识产权法律中译本也将适时分别推出。

真诚期待各位读者对我们出版的本套丛书提出宝贵意见。

知识产权出版社
2011年1月

译者的话

不可否认，我国商标法很大程度上沿袭了日本商标法。然日本现行商标法自1959年制定颁布、1960年实施以来至2009年止，为了因应科技、经济、社会巨大变化，已经进行了大小近30次修改。值我国商标法面临重大修改之际，及时将最新修订的日本商标法翻译到国内，应该说对促进我国商标立法进步和学术研究信息的更新都有所裨益。为此目的，笔者在多年研习日本商标法的基础上，尝试为之，希望达成所愿。

因笔者水平所限，翻译中虽尽量通过注释解释日文原文中的疑难之处，但因日本商标法条文结构复杂、引用条款甚多，笔者虽绞尽脑汁并咨询日本友人以至反复多次，仍不免误译之处，恳请各位同仁海涵并不吝批评指正！

在此，要真诚感谢知识产权出版社为译本提供了出版机会，特别要感谢该社责任编辑卢海鹰女士的辛勤工作以及提出的各种宝贵意见和建议，她宝贵的意见和建议使译本增色不少。

李 扬

2010年11月6日

目　　录

第一章　总则 …………………………………………… 1
第二章　商标注册和商标注册申请 …………………… 4
第三章　审查 …………………………………………… 16
第四章　商标权 ………………………………………… 19
　第一节　商标权 ……………………………………… 19
　第二节　权利侵害 …………………………………… 29
　第三节　注册费 ……………………………………… 32
第四章之二　注册异议的提出 ………………………… 35
第五章　准司法审判 …………………………………… 39
第六章　再审以及诉讼 ………………………………… 46
第七章　防御标识 ……………………………………… 49
第七章之二　基于马德里协定的特例 ………………… 56
　第一节　国际注册申请 ……………………………… 56
　第二节　国际商标注册申请的特例 ………………… 58
　第三节　商标注册申请等的特例 …………………… 64
第八章　杂则 …………………………………………… 68
第九章　罚则 …………………………………………… 76

日本商标法❶

(1959年4月13日颁布,1960年4月1日实施。分别于1962年、1964年、1965年、1970年、1975年、1978年、1981年、1984年、1985年、1987年、1990年、1991年、1993年、1994年、1996年、1998年、1999年、2002年、2003年、2004年、2005年、2006年、2008年修改。1959年4月13日法律第127号)

第一章 总 则

第一条 (目的)

本法目的在于通过保护商标,以维护商标使用者业务上的信用,促进产业的发展,保护消费者的利益。

第二条 (定义等)

本法所称的商标,是指下列各项规定的文字、图形、记号、立体形状或者它们的组合,或者它们与颜色的组合(以下称为标

---

❶ 有关日本商标法中准用日本特许法的条文,请参见日本专利法[M].杜颖译,易继明校.北京:法律出版社,2009.本译本中不再单独翻译这些条文,特此说明。

识）：

（一）以营业为目的生产、证明或者转让商品者在其商品上使用的标识；

（二）以营业为目的提供或者证明服务者在其服务上使用的标识（前项所列标识除外）。

前款第二项的服务，包括为顾客提供方便的零售和批发服务。

本法所称的标识使用，是指下列行为；

（一）在商品或者商品包装上贴附标识的行为；

（二）将贴附了标识的商品或者商品包装进行转让、交付、为了转让或者交付进行展示、出口、进口或者通过电信线路进行提供的行为；

（三）提供服务的过程中，在供服务接受者所使用的物品上（包括转让或者交付的物品。以下规定相同）贴附标识的行为；

（四）提供服务的过程中，使用贴附了标识的、供服务接受者使用的物品提供服务的行为；

（五）为了提供服务，将贴附了标识的、提供服务所使用的物品（包括提供服务过程中供服务接受者所利用的物品。以下含义相同）进行展示的行为；

（六）提供服务的过程中，在服务接受者的、提供指定服务的物品上贴附标识的行为；❶

（七）采用电磁方法（指电子方法、磁性方法和其他人的知觉不能认识的方法。第八项中的含义相同）通过影像画面提供服务的过程中，在该影像画面上标注标识提供服务的行为；

（八）在商品或者服务的广告、价格表或者交易文书上贴附标识进行展示、发行、或者在有关这些内容的信息上贴附标识通

---

❶ 比如，去购物中心购买商品，购物中心结账时在顾客自己的购物袋上贴附商标的行为。再比如，去汽车修理中心修理汽车，修理业者修理完毕后在顾客车身上贴附自己商标的行为。

过电磁方法进行提供的行为。

前款中所称的在商品或者其他物品上贴附标识,包括将商品、商品包装、提供服务所用的物品或者有关商品、服务的广告作为标识时的形状。

本法所称的注册商标,指已经核准注册的商标。

本法所称的类似商品包括服务在内,类似服务包括商品在内。

第二章　商标注册和商标注册申请

第三条　（商标注册的要件）

在自己业务所属商品或者服务上使用的商标，除下列商标外，可以获得商标注册：

（一）仅仅由该商品或者服务的普通名称采用普通使用方法进行表示的标识构成的商标；

（二）该商品或者服务惯常使用的商标；

（三）仅仅由商品的产地、销售地、质量、原材料、效能、用途、数量、形状（包括包装的形状）、价格、生产或者使用方法和时间，或者服务提供的场所、品质、提供服务所用的物品、效能、用途、数量、样态、价格或者提供方法、时间采用普通使用方法进行表示的标识构成的商标；

（四）仅仅由普通的姓或者名称采用普通使用方法进行表示的标识构成的商标；

（五）仅仅由极为简单而且普通的标识构成的商标；

（六）除上述各项外，消费者无法识别属于任何人业务所属商品或者服务的商标。

前款第（三）项至第（五）项所列商标经过使用，消费者据此可以识别某人业务所属商品或者服务时，不管该款规定如何，都可以获得商标注册。

第四条　（不能获得商标注册的商标）

下列商标，不管前条的规定如何，都不能获得商标注册：

（一）与国旗、菊花纹章、勋章、奖章或者外国国旗相同或者近似的商标。

（二）与经济产业大臣指定的巴黎公约（指 1900 年 12 月 14 日在布鲁塞尔、1911 年 6 月 2 日在华盛顿、1925 年 11 月 6 日在海牙、1934 年 6 月 2 日在伦敦、1958 年 10 月 31 日在里斯本、1967 年 7 月 14 日在斯德哥尔摩修改的关于保护工业产权的 1883 年 3 月 20 日的巴黎公约。以下规定相同）成员国、世界贸易组织成员或者商标法条约缔约国国家的徽章或者徽记（巴黎条约成员国、世界贸易组织成员或者商标法条约缔约国的国旗除外）相同或者近似的商标；

（三）与经济产业大臣指定的、表示联合国或者其他国际组织的标识相同或者近似的商标；

（四）与关于限制红十字标识和名称等使用的法律第一条规定的标识或者名称相同或者近似的商标，或者与关于保护武力攻击状态中国家的国民的措施的法律第一百五十八条第一款规定的特殊标识相同或者近似的商标；

（五）与经济产业大臣指定的、日本国或者巴黎公约成员国、世界贸易组织成员或者商标法条约缔约国的政府或者地方公共团体监督或者证明用的印章或者记号相同或者近似，并使用在和该印章或者记号使用的商品或者服务相同或者类似商品或者服务上的商标；

（六）与表示国家或者地方公共团体及其机关、不以营利为目的的公益团体或者不以营利为目的的公益事业的著名标识相同或者近似的商标；

（七）有害公共秩序或者善良风俗之虞的商标；

（八）包含他人肖像或者他人姓名或者名称或者著名的雅号、艺名或者笔名，或者姓名、名称、著名的雅号、艺名或者笔名的著名略称的商标（经过他人同意的除外）；

（九）与政府或者地方公共团体（以下称为政府等）举办的博览会或者特许厅长官指定的政府等以外的人举办的博览会、或者外国政府以及经过外国政府许可的人举办的国际博览会的奖章相同或者近似的标识构成的商标（奖章获得者将该标识作为商标一部分使用的除外）；

（十）与消费者广泛知晓的其为表示他人业务所属商品或者服务的标识相同或者近似，并使用在相同或者类似商品或者服务上的商标；

（十一）与商标注册申请日之前他人已经提出注册申请的商标相同或者近似、并使用在与其指定商品或者指定服务（指按照第六条第一款规定（包括第六十八条第一款中准用的情形）指定的商品或者指定的服务。以下规定相同）相同或者类似商品或者服务上的商标；

（十二）与他人注册防御标识（指获得防御标识注册的标识，以下规定相同）相同，并使用在该防御标识指定商品或者指定服务上的商标；

（十三）与他人商标权消灭之日起（存在撤销商标注册的决定或者无效宣告的裁决的，指该决定或者裁决生效之日。以下规定相同）未满一年的商标（他人商标权消灭之日前一年以上未使用的除外）相同或者近似，并使用在与该商标权指定商品或者指定服务相同或者类似商品或者服务上的商标；

（十四）与按照种苗法第十八条第一款规定获得品种注册的品种名称相同或者近似，并使用在和该品种种苗相同或者类似的商品或者服务上的商标；

（十五）与他人业务所属商品或者服务产生混淆之虞的商标（第十项到前项情形除外）；

（十六）产生商品质量或者服务品质误认之虞的商标；

（十七）将特许厅长官指定的、表示日本国的葡萄酒或者蒸馏酒产地的标识，或者禁止作为世界贸易组织成员以外地域所产葡萄酒或者蒸馏酒产地标识使用的、表示该成员的葡萄酒或者蒸馏酒产地的标识，作为该产地以外地域所产葡萄酒或者蒸馏酒产地标识使用的商标。

（十八）仅仅由确保商品或者商品包装功能不可欠缺的商品或者商品包装的形状构成的商标；

（十九）与日本国内或者国外消费者广泛知晓的其为他人业务所属商品或者服务的标识相同或者近似，并出于不正当目的（指获得不正当利益的目的或者加害他人的不正当目的以及其他不正当目的。以下规定相同）使用的商标（上述各项情形除外）。

国家或者地方公共团体及其机关，或者不以营利为目的的公益团体或者不以营利为目的的公益事业，就前款第六项所列商标提出商标注册申请的，不适用同项的规定。

第一款第八项、第十项、第十五项、第十七项以及第十九项规定的商标，如果在提出商标注册申请时不具备各项规定要件，不适用各项的规定。

按照第五十三条之二规定作出的撤销商标注册的准司法判决❶

---

❶ 与"准司法判决"对应的日文原词为"審決"，即由特许厅内部设立的相当于我国商标局内部设立的评审委员会的准司法审判机构——特許廳審判部審判課，就驳回商标注册申请的决定不服、驳回申请书修改的决定不服、宣告商标注册无效的申请、撤销商标注册的申请，按照准司法程序进行审理后做出的审查结论。日本商标法规定的该种制度与我国商标法规定的复审制度的不同之处在于：一是对驳回商标注册申请决定不服、驳回申请书修改的决定不服提起准司法审判的时间是自收到有关决定副本送达之日起3个月内，而按照我国商标法第三十二条的规定，对驳回申请的决定不服可以申请复审的时间，自收到商标局通知后15日内。二是按照日本商标法规定的这种制度，准司法审判机构就相关案件审理结束后，是以准判决的形式作出审查结论的，而我国商标评审委员会作出复审后，是以决定的形式作出审查结论的。为了便于读者理解日本规定的这种制度，本译本特将其翻译为"准司法判决"。同时与其对应的日本商标法第五章规定的四种"審判"制度也相应地翻译为"准司法审判"。

生效❶时，撤销请求人就该准司法判决撤销注册的商标或者与其近似的商标提出商标注册申请时，不适用第一款第十三项的规定。

第五条 （商标注册申请）

希望获得商标注册的人，必须向特许厅长官提交记载了下列事项的申请书及其他必要的文件：

（一）商标注册申请人的姓名或者名称及其住所或者居所；

（二）希望获得注册的商标；

（三）指定商品或者服务以及按照第六条第二款政令规定的商品或者服务的类别。

希望获得注册的商标是立体形状（包括与文字、图形、记号或者色彩的结合，或者与这些要素结合的结合）构成的商标（以下称为立体商标）时，在提出注册申请时，必须在申请书中声明。

希望获得注册的商标仅仅由特许厅长官指定的文字（以下称为标准文字）构成时，必须在申请书中声明。

希望获得注册的商标的色彩和记载该商标的栏中的色彩相同时，该色彩不视为该商标的组成部分。但是，明确划定添附的色彩范围，并表明和记载栏中的色彩相同的色彩部分，不在此限。

第五条之二 （申请日的认定等）

商标注册申请，除下列规定情形之一外，特许厅长官必须将提交商标注册申请书之日认定为商标注册申请之日：

---

❶ 与"生效"对应的日文原词为"确定"，按照日本商标法的规定，意思是指日本特许厅作出有关决定或者准司法判决后，针对该决定没有人在特许厅内部提出准司法审判或者再审，也没有人向法院提出诉讼，针对该准司法判决没有人在特许厅内部提出再审，也没有人向法院提出诉讼，因而成为最后的具有约束力的决定或者准司法判决。为了便于读者理解，因此本译本直接将其翻译为"生效"。

（一）认为希望获得商标注册的意思表示不明确的；

（二）未记载商标注册申请人的姓名或者名称，或者认为该记载尚未达到足以确定商标注册申请人的清晰程度的；

（三）申请书中未记载希望获得注册的商标；

（四）未记载指定商品或者指定服务。

存在前款各项规定情形之一时，特许厅长官必须指定一定期限，命令希望获得商标注册的人修改其商标注册申请。

商标注册申请的修改，必须提交书面修改文件（以下称为书面修改文件）。

按照第二款规定经命令应该修改商标注册申请的人按照同款规定在指定期限内进行了修改时，特许厅长官必须将提出书面修改文件之日认定为商标注册申请之日。

按照第二款规定经命令应该修改商标注册申请的人没有按照同款规定在指定期限内进行修改时，特许厅长官应当驳回该商标注册申请。

第六条 （一商标一申请）

商标注册申请，必须按照每个商标、指定一种或者两种以上商品或者服务分别提出。

前款的指定必须按照政令规定的商品或者服务类别进行。

前款商品或者服务的类别，并非划定商品或者服务的类似范围。

第七条 （集体商标）

一般社团法人及其他社团（没有法人资格的社团和企业除外）、事业协会或者其他按照特别法律成立的协会（没有法人资格的除外），或者相当于此的外国法人，对于让其成员使用的商标，应当申请集体商标注册。

在前款中适用第三条第一款规定时，同款中的"自己的"应替换为"自己或者其成员的"。

按照第一款的规定希望获得集体商标注册的人，在第五条第一款的商标注册申请中，必须向特许厅长官提交证明其属于第一款规定法人的书面文件。

第七条之二　（地域集体商标）

事业协会或者按照其他特别法律设立的协会（没有法人资格的除外，限于按照特别法设立、没有正当理由不得拒绝具有成员资格的人加入的协会，或者按照特别法设立、不得给希望加入的成员规定比已经加入的成员更为苛刻条件的协会）或者相当于此的外国法人（以下称为协会等）让其成员使用的商标，具备下列情形之一时，如果该商标的使用让消费者广泛知晓其属于自己或者其成员所属业务的商品或者服务的标识时，不管第三条的规定（同条第一款第一项和第二项规定的情形除外）如何，都可以获得地域集体商标注册：

（一）仅仅由地域名称或者自己及其成员业务所属商品或者服务的普通名称采用普通使用方法表示的文字构成的商标；

（二）仅仅由地域名称或者自己及其成员业务所属商品或者服务的惯用名称采用普通使用方法表示的文字构成的商标；

（三）仅仅由地域名称或者自己及其成员业务所属商品或者服务的普通名称或者惯用名称采用普通使用方法表示的文字以及由在表示商品产地或者服务提供地时附加的惯用文字采用普通使用方法表示构成的商标。

前款中所称的地域名称，是指自己或者其成员在商标注册申请之前该申请所使用的商品产地或者服务提供地或者在同样的程度内被认为与该商品或者服务具有密切关系的地域名称或者其略称。

在第一款中适用第三条第一款（限于第一项和第二项规定的情形）时，同款中的"自己的"应替换为"自己或者其成员的"。

按照第一款的规定希望获得地域集体商标注册的人，在第五条第一款的商标注册申请中，必须向特许厅长官提交证明其属于协会等的书面文件以及证明申请注册的商标属于包含了第二款规定的地域名称的商标的必要书面文件。

第八条 （先申请）

不同日有二人以上就使用在相同或者类似商品或者服务上的相同或者近似商标申请商标注册时，只有最先的商标注册申请人能够获得该商标的注册。

同日有二人以上就使用在相同或者类似商品或者服务上的相同或者近似商标申请商标注册时，只有经过商标注册申请人协商确定的其中一人能够获得该商标的注册。

商标注册申请被放弃、撤回或者驳回时，或者针对商标注册申请作出的决定或者准司法判决生效时，该商标注册申请在适用前两款规定的情况下，视为从一开始就不存在。

在第二款规定的情况下，特许厅长官应当指定一定期限，命令商标注册申请人进行协商并报告协商结果。

第二款规定协议不成立，或者在前款规定的指定期限内没有报告时，特许厅长官应当采用公正方法抽签决定其中一个申请人为能够获得商标注册的人。

第九条 （申请时的特例）

在政府等举办的博览会或者政府等以外的人举办的、经过特许厅长官指定的博览会上，或者在巴黎公约成员国、世界贸易组织成员或者商标法条约的缔约国领域内由其政府等或者经过政府许可的人举办的国际博览会上，或者巴黎公约成员国、世界贸易组织成员或者商标法条约缔约国以外的国家领域内由其政府或者经过政府同意的人举办的、经过特许厅长官指定的国际博览会上展出的商品或者服务上使用的商标，使用该商标进行商品或者服务展出的展出者自展出之日起六个月内将展出的商品或者服务作为指定商品或者服务申请商标注册的，该商标注册申请视为展出之日提出的申请。

希望适用前款规定提出商标注册申请的人，必须将记载该声明的书面文件和商标注册申请一起提交给特许厅长官，而且必须自提出申请之日起三十日内，向特许厅长官提交证明申请注册的商标及其指定商品或者服务属于同款规定的商标及商品或者服务的书面文件。

第九条之二 （按照巴黎公约的规定主张优先权）

已经在巴黎公约成员国境内提出商标（限于与第二条第一款第二项规定的商标相当的商标）注册申请的，可以该相当于同款第一项规定的商标注册申请为基础、按照巴黎公约第四条的规定主张优先权。

第九条之三

下表上栏所列之人在下栏所列国家中提出商标注册申请的，可以该申请为基础，按照巴黎公约第四条的规定主张优先权。

日本国民或者巴黎公约成员国国民（包括按照巴黎公约第三条规定视为成员国国民的国民）	世界贸易组织成员或者商标法条约缔约国
世界贸易组织成员（指设立世界贸易组织的马拉喀什协定附属文件一C第一条之三规定的成员国民）或者商标法条约缔约国的国民	巴黎公约成员国、世界贸易组织成员或者商标法条约缔约国

第九条之四 （指定商品等或者希望获得注册的商标的修改和实质性改变）

在商标权设定注册之后，如果发现申请书中记载的指定商品或者指定服务或者希望获得注册的商标的修改进行了实质性改变时，该商标注册申请视为在提交修改文件时提出的申请。

第十条 （商标注册申请的分割）

在商标注册申请审查、准司法审理、再审过程中或者针对驳回商标注册申请的准司法判决进行诉讼的过程中，商标注册申请人可以将两种以上商品或者服务作为指定商品或者指定服务的商标注册申请的一部分，分割为一个或者两个以上的新的商标注册申请。

在前款情况下，新的商标注册申请，视为在原来的商标注册申请日提出的申请。但是，在第九条第二款、第十三条第一款中准用特许法第四十三条第一款和第二款（包括第十三条第一款中准用同法第四十三条之二第三款的情形）规定时，不再此限。

按照第一款规定提出新的商标注册申请时，应当将原有商标注册申请提出的书面文件中按照第九条第二款或者第十三条第一款中准用特许法第四十三条第一款和第二款（包括第十三条第一款中准用同法第四十三条之二第三款的情形）规定提出的新的商标注册申请必须提交的部分和新的商标注册申请同时提交给特许厅长官。

第十一条　（申请的变更）

商标注册申请人可以将集体商标注册申请变更为一般商标注册申请（指集体商标注册申请和地域集体商标注册以外的商标注册申请。以下规定相同）或者地域集体商标注册申请。

商标注册申请人可以将地域集体商标注册申请变更为一般商标注册申请或者集体商标注册申请。

商标注册申请人可以将一般商标注册申请变更为集体商标注册申请或者地域集体商标注册申请。

在商标注册申请作出的审查决定或者准司法判决生效后，不得再按照前三款规定提出变更商标注册申请。

按照第一款至第三款规定提出变更商标申请后，原来的商标注册申请视为撤回。

前条第二款和第三款的规定，准用于按照第一款至第三款规定提出变更商标注册申请的情形。

第十二条

防御标识注册申请人可以将其防御标识注册申请变更为商标注册申请。

在防御标识注册申请作出的审查决定或者准司法判决生效后，不得再按照前款规定提出变更申请。

第十条第二款和第三款以及前条第五款的规定，准用于按照第一款规定提出的变更申请。

第十二条之二 （申请的公开）

特许厅长官必须公开商标注册申请。

申请公开，应当在商标公报上刊载下列事项。但是，如果特许厅长官认为在商标公报上刊载存在损害公共秩序或者善良风俗之虞时，第三项和第四项所列事项不在此限。

（一）商标注册申请人的姓名或者名称及其住所或者居所；

（二）商标注册申请的编号以及年月日；

（三）在申请书上记载的商标（存在第五条第三款规定的情形时，指按照标准文字记载的商标。第十八条第三款第三项和第二十七条第一款中的规定相同）；

（四）指定商品或者指定服务；

（五）上述各项所列事项以外的其他必要事项。

第十三条 （特许法的准用）

特许法第四十三条第一款至第四款、第四十三条之二第二款和第三款的规定，准用于商标注册申请。在此情况下，同法第四十三条第二款中的"下列各项所列之日中从最先之日开始起一年零四个月"应替换为"商标注册申请日开始3个月"，同法第四十三条之二第二款中的"或者世界贸易组织成员"应替换为"世界贸易组织成员或者商标法条约缔约国"、同款中的"或者世界贸易组织成员国民"应替换为"世界贸易组织成员国民或者商标法条约缔约国国民"、同条第三款中的"前两款"应替换为"前款"。

特许法第三十三条第一款至第三款、第三十四条第四款至第七款的规定（获得特许的权利），准用于由于商标注册申请产生的权利。

第十三条之二 （设定注册之前的金钱请求权）

在提示记载了已经提出商标注册申请有关内容的书面文件进

行警告后，商标注册申请人可以请求在警告发出后商标权设定注册前、在其申请指定商品或者指定服务上使用其申请注册的商标的人，支付与因该使用给其业务造成的损失相当的金钱。

前款规定的请求权，在商标权设定注册之前，不得行使。

第一款规定的请求权的行使不妨碍商标权的行使。

商标注册申请被放弃、撤回或者驳回时，或者不予核准注册的审查决定或者准司法判决生效时，或者第四十三条之三第二款的撤销决定生效时，或者除第四十六条之二第一款但书之外对商标注册作出的无效准司法判决生效时，第一款的请求权视为自始不存在。

第二十七条、第三十七条、第三十九条中准用的特许法第一百零四条之三至第一百零五条之二、第一百零五条之四至第一百零五条之六以及第一百零六条、第五十六条第一款中准用特许法第一百六十八条第三款至第六款、民法第七百一十九条和第一百二十四条（不法行为）的规定，准用于按照第一款规定行使请求权的情形。在这种情况下，拥有请求权的人得知在商标权设定注册前使用申请注册的商标事实及其使用人时，同条中的"受害人及其法定代理人得知损害以及加害人时"应替换为"商标权设定注册之日"。

第三章 审 查

第十四条 （审查员的审查）

特许厅长官必须指定审查员对商标注册申请进行审查。

第十五条 （不予核准注册的决定）

商标注册申请具备下列各项情形之一的，审查员必须作出不予核准注册的决定。

（一）申请注册的商标属于按照第三条、第四条第一款、第七条之二第一款、第八条第二款或者第五款、第五十一条第二款（包括第五十二条之二第二款中准用的情形）、第五十三条第二款或者第七十七条第三款中准用特许法第二十五条规定不得申请注册的商标；

（二）申请注册的商标属于按照条约的规定不得申请注册的商标；

（三）申请注册的商标不具备第六条第一款或者第二款规定的要件。

第十五条之二 （不予核准注册理由的通知）

审查员作出不予核准注册的决定时，应当将理由通知商标注册申请人，并指定一定期限，给予其提出意见的机会。

第十五条之三

申请注册的商标与他人申请日前已经申请并使用在相同或者类似商品或者服务上的商标相同或者近似、将因他人商标的注册而构成第十五条第一款规定的情形时，审查员应当将该事由通知商标注册申请人，并指定一定期限，给予其提出意见的机会。

在他人商标已经获得注册的情况下,无需再进行前款中的通知。

第十六条 (商标注册的审查决定)

在政令规定的期限内没有发现不予核准注册的理由时,审查员应当作出核准商标注册的审查决定。

第十六条之二 (修改的驳回)

对记载在申请书中的指定商品或者服务、申请注册的商标的修改进行了实质性改变时,审查员必须以决定形式驳回该修改。

按照前款规定作出的驳回决定,应当采用书面形式并附上理由。

按照前款作出的驳回决定,从决定副本送达之日起3个月的期限内,不得对商标注册申请作出审查决定。

商标注册申请人对按照第一款规定作出的驳回决定请求第四十五条第一款的准司法审判时,在准司法判决生效前,审查员必须终止商标注册申请的审查。

第十七条 (特许法的准用)

特许法第四十七条第二款(审查员的资格)、第四十八条(审查员的回避)、第五十二条(审查的方式)以及第五十四条(和诉讼的关系)的规定,准用于商标注册申请的审查。在这种情况下,同法第五十四条第一款中的"准司法判决"应替换为"注册异议的决定或者准司法判决"。

第十七条之二 (意匠法❶的准用)

意匠法第十七条之三(修改后的意匠的新申请)的规定准用于按照第十六条之二第一款的规定以决定形式驳回修改的情形。

---

❶ 日本专利法采取发明专利、实用新型专利、外观设计专利分别立法的模式,相应的法律也分别称为特许法、实用新案法和意匠法。

意匠法第十七条之四的规定，准用于前款或者第五十五条之二第三款（包括第六十条之二第二款中准用的情形）中准用的同法第十七条之三第一款规定的延长期限的情形。

第四章 商标权

第一节 商标权

第十八条 （商标权的设定注册）

商标权因设定注册而产生。

按照第四十条第一款规定缴纳了注册费，或者按照第四十一条之二第一款规定在核准商标注册的审查决定或者准司法判决副本送达之日起30日内缴纳了应该缴纳的注册费的，应当进行商标权设定注册。

进行前款注册时，应当在商标公报上刊载以下事项：

（一）商标权人的姓名或者名称及其住所或者居所；

（二）商标注册申请的编号以及年月日；

（三）记载在申请书上的商标；

（四）指定商品或者指定服务；

（五）注册编号以及设定注册的年月日；

（六）除了上述各项以外的其他必要事项。

自刊载了前款规定事项的商标公报（以下称为商标刊载公报）发行之日起2个月内，特许厅长官必须在特许厅内将申请文件及其附件提供给公众阅览。但是，存在危害个人名誉或者生活安定之虞的申请文件或者物件或者存在损害公共秩序或者善良风俗之虞的申请文件或者物件，特许厅长官认为有必要保密时，不在此限。

特许厅长官决定将存在危害个人名誉或者生活安定之虞或者存在损害公共秩序或者善良风俗之虞的、按照前款但书需要保密的申请文件或者物件提供给公众阅览时，必须将该决定及其理由通知提出该申请文件或者物件的人。

第十九条 （保护期限）

商标权的保护期限，自设定注册之日起经过10年届满。

商标权的保护期限，可以按照商标权人的续展申请进行续展。

商标权保护期限的续展经过注册时，保护期限自原保护期间届满时开始续展。

第二十条 （保护期限续展注册的申请）

申请商标权保护期限续展的人，必须向特许厅长官提交记载了下列事项的申请书：

（一）申请人的姓名或者名称以及住所或者居所；

（二）商标注册的注册编号；

（三）除了上述两项所列事项以外的、经济产业省令规定的其他事项。

续展注册申请，必须在商标权保护期限届满前6个月内提出。

商标权人在前款规定的期限内无法提出续展注册申请时，可以在该期限届满后6个月内提出申请。

商标权人在前款规定的可以提出续展注册申请的期限内没有提出申请时，商标权视为自原保护期限届满时消灭。

第二十一条 （商标权的恢复）

按照前条第四款视为消灭的商标权的原商标权人，由于不可归责的理由，在同条第三款规定的可以提出续展注册申请的期限内无法提出申请时，从该理由消失之日起14日内（侨居海外者2个月）但不超过该期限届满后6个月的期限内，可以申请续展。

按照前款规定提出续展注册申请时，保护期限视为自原保护期限届满之日开始续展。

第二十二条 （恢复的商标权效力的限制）

按照前条第二款恢复的商标权效力，不及于按照第二十条第三款规定可以提出续展申请的期限经过后、按照前条第一款规定申请的商标权保护期限续展注册前的下列行为：

（一）在指定商品或者指定服务上使用该注册商标的行为；

（二）第三十七条各项所列行为。

第二十三条 （保护期限续展的注册）

按照第四十条第二款规定缴纳注册费，或者按照第四十一条之二第二款规定在提出续展申请的同时缴纳了注册费时，应当进行商标权保护期限的续展注册。

按照第二十条第三款或者第二十一条第一款规定提出续展注册申请的，不管前款规定如何，按照第四十条第二款规定缴纳了注册费，或者按照第四十三条第一款规定缴纳了增额注册费，或者按照第四十一条之二第二款规定在提出续展注册的同时缴纳了应该缴纳的注册费以及第四十三条第二款规定的增额注册费时，应当进行商标权保护期限的续展注册。

前两款的注册，必须在商标公报上刊载以下事项：

（一）商标权人的姓名或者名称以及住所或者居所；

（二）注册编号和续展注册的年月日；

（三）前两项规定以外的其他必要事项。

第二十四条 （商标权的分割）

有两个以上指定商品或者指定服务的，商标权可以按照每个指定商品或者指定服务进行分割。

按照第四十六条第二款请求准司法审判的，如果案件还在准司法审判、再审或者诉讼过程中，即使在商标权消灭后，也可以进行前款规定的分割。

第二十四条之二 （商标权的转移）

有两个以上指定商品或者指定服务的，商标权可以按照每个指定商品或者指定服务进行转移。

国家或者地方公共团体及其机关或者不以营利为目的的公益团体提出的商标注册申请中按照第四条第二款规定获得的商标权，不得转让。

不以营利为目的的公益事业者提出的商标注册申请中按照第四条第二款规定获得的商标权，除了和该事业一起转移外，不得转移。

地域集体商标的商标权，不得转让。

第二十四条之三　（集体商标商标权的转移）

集体商标的商标权转移时，除第二款规定的情形外，该商标权视为变更为一般商标权。

集体商标的商标权作为集体商标的商标权转移的，必须将记载了该要旨的书面文件以及第七条第三款规定的书面文件在提出转移注册的申请时一起提交给特许厅长官。

第二十四条之四　（商标权转移的混淆防止标记请求）

商标权转移导致相同商品或者服务上使用的类似注册商标或者类似商品或者服务上使用的相同或者近似注册商标的商标权属于不同商标权人的，其中一个注册商标的商标权人、专有使用权人或者通常使用权人在指定商品或者指定服务上使用注册商标存在损害其他注册商标的商标权人或者商标专有使用权人业务上的利益（限于与该其他注册商标使用的指定商品或者指定服务有关的利益）之虞时，其他注册商标的商标权人或者专有使用权人，可以请求其中一个注册商标的商标权人、专有使用权人或者通常使用权人，对其使用附加适当的标记，以防止因该使用导致其业务所属商品或者服务和自己业务所属商品或者服务之间的混淆。

第二十五条　（商标权的效力）

商标权人享有在指定商品或者指定服务上使用注册商标的专有权利。但是，商标权设定了专有使用权的，专有使用权人在其专有使用该注册商标的权利范围内，不在此限。

第二十六条 （商标权效力不及的范围）

商标权的效力不及于下列商标（包括构成其他商标组成部分的商标）：

（一）自己肖像或者自己姓名或者名称或者著名的雅号、艺名或者笔名或者它们著名的略称采用普通使用方法表示的商标；

（二）指定商品或者与其类似商品的普通名称、产地、销售地、质量、原材料、功能、用途、数量、形状（包括包装的形状。次项规定相同）、价格或者生产、使用方法或者时间，或者与该指定商品类似的服务的普通名称、提供场所、品质、提供服务所用的物品、功能、用途、数量、形态、价格或者提供方法或者时间采用普通使用方法表示的商标；

（三）指定服务或者与其类似的服务的普通名称、提供场所、品质、提供服务所用的物品、功能、用途、数量、形态、价格或者提供方法或者时间，或者与该指定服务类似的商品的普通名称、产地、销售地、品质、原材料、功能、用途、数量、形状、价格或者生产、使用方法或者时间采用普通使用方法表示的商标；

（四）指定商品或者指定服务或者与其类似的商品或者服务的惯用商标；

（五）仅仅由确保商品或者商品包装功能不可欠缺的立体形状构成的商标。

商标权设定注册后，出于不正当竞争目的使用自己的肖像、姓名或者名称或者著名的雅号、艺名、笔名或者它们著名的略称时，前款第一项的规定不适用。

第二十七条 （注册商标等的范围）

注册商标的范围，以申请书中记载的商标为基础确定。

指定商品或者指定服务的范围，以申请书中的记载为基础确定。

第二十八条

商标权的效力，可以请求特许厅判定。

在收到前款规定的请求的，特许厅长官必须指定三名准司法审判人员进行判定。

特许法第七十一条第三款和第四款的规定，准用于第一款的判定。

第二十八条之二

收到法院关于商标权效力的鉴定委托的，特许厅长官必须指定三名准司法审判进行鉴定。

特许法第七十一条之二第二款的规定，准用于前款规定的鉴定。

第二十九条 （和他人特许权等之间的关系）

商标权人、专有使用权人或者通常使用权人在指定商品或者指定服务上使用注册商标时，如果其使用形态与注册申请日之前他人申请的特许权、实用新案权、意匠权或者注册商标申请日之前他人已有的著作权发生冲突，不得相冲突的在指定商品或者指定服务上使用该注册商标。

第三十条 （专有使用权❶）

商标权人对其商标权可以设定专有使用权。但是，按照第四条第二款规定申请商标注册的商标权以及地域集体商标的商标权，不在此限。

专有使用权人享有在设定行为规定的范围内、在指定商品或者指定服务上使用注册商标的专有专利。

经过商标权人许可以及在继承和其他一般承继情况下，专有使用权可以转移。

---

❶ 日本商标法中所称的"专有使用权"，相当于我国商标法中所说的独占使用权。

特许法第七十七条第四款和第五款（质权的设定等）、第九十七条第二款（放弃）以及第九十八条第二款第二项和第二款（注册的效果）的规定，准用于专有使用权。

第三十一条 （通常使用权❶）

商标权人对其商标权可以授予他人通常使用权。但是按照第四条第二款规定申请商标注册的商标权，不在此限。

通常使用权人享有在设定行为规定的范围内、在指定商品或者指定服务上使用注册商标的权利。

经过商标权人（专有使用权设定了通常使用权时，指商标权人和专有使用权人）的许可以及在继承和一般承继情况下，通常使用权可以转移。

特许法第七十三条第一款（共有）、第九十四条第二款（质权的设定）、第九十七条第三款（放弃）以及第九十九条第一款和第三款（注册的效果）的规定，准用于通常使用权。

第三十一条之二 （集体成员等的权利）

享有集体商标商标权的第七条第一款规定的法人成员（以下称为集体成员）或者享有地域集体商标商标权的协会等的成员（以下称为地域集体商标成员），享有按照该法人或者该协会等的规定、在指定商品或者指定服务上使用注册集体商标或者注册地域集体商标的权利。但是，该商标权（限于集体商标的商标权）设定了专有使用权时，在专有使用权人专有使用该注册商标的权利范围内，不在此限。

前款正文规定的权利，不得转移。

适用第二十四条之四、第二十九条、第五十条、第五十二条之二、第五十三条以及第七十三条规定的，集体成员或者地域集体成员视为通常使用权人。

---

❶ 日本商标法中所称的"通常使用权"，则包括我国商标法中所说的独家许可使用权和一般许可使用权。

集体商标或者地域集体商标适用第三十三条第一款第三项的规定时，同项中的"或者就该商标权或者专有使用权具有第三十一条第四款中准用的特许法第九十九条第一款规定效力的通常使用权人"应替换为"或者就该商标权或者专有使用权具有第三十一条第四款中准用的特许法第九十九条第一款规定效力的通常使用权人或者享有该商标使用权的集体成员或者地域集体成员"。

第三十二条 （因先使用而获得的使用商标的权利）

在他人商标注册申请之前，没有不正当竞争目的，在日本国内在注册商标申请的指定商品或者指定服务上或者与其类似的商品或者服务上使用该注册商标或者与其近似的商标，在提出该商标注册申请时（指按照第九条之四的规定，或者按照第十七条之二第一款或者第五十五条之二第三款（包括第六十条之二第二款中准用的情形）中准用的意匠法第十七条之三第一款的规定，将该商标注册申请视为修改文件提交之时的情况下，指原商标注册申请时或者修改文件提交时），其使用已经使消费者广泛知晓该商标是表示其业务所属商品或者服务的标识时，如果继续在该商品或者服务上使用该商标，则该使用者享有继续在该商品或者服务上使用该商标的权利。承继该业务的人，也拥有相同的权利。

商标权人或者专有使用权人，可以请求按照前款规定拥有使用商标权利的人附加防止其业务所属商品或者服务与自己业务所属商品或者服务混淆的适当的标记。

第三十二条之二

在他人地域集体商标申请注册之前，没有不正当竞争目的，在日本国内在与商标注册申请的指定商品或者指定服务上或者与其类似的商品或者服务上使用申请注册的商标或者与其近似的商标的人，如果继续在该商品或者服务上使用其商标，则享有在该商品或者服务上使用该商标的权利。承继该业务的人，也拥有同样的权利。

商标权人可以请求按照前款规定拥有使用商标权利的人附加

防止其业务所属商品或者服务与自己业务所属商品或者服务混淆的适当标记。

第三十三条 （因无效宣告请求登记前的使用而获得的使用商标的权利）

具有下列各项情形之一的人，在第四十六条第一款规定的准司法审判请求登记之前，不知道商标注册具有同款各项规定的事由，在日本国内在与商标注册申请的指定商品或者指定服务上或者与其类似的商品或者服务上使用申请注册的商标或者与其近似的商标，其使用结果已经使消费者广泛知晓该商标是表示其业务所属商品或者服务的标识时，如果继续在该商品或者服务上使用该商标，则享有在该商品或者服务上使用该商标的权利。承继该业务的人，也拥有同样的权利。

（一）在相同或者类似的指定商品或者指定服务上使用的两个以上相同或者近似注册商标、其中之一被宣告无效的原注册商标权人；

（二）使注册商标被宣告无效、在指定商品或者指定服务上使用相同或者近似商标具有正当权利的人获得商标注册时的原商标权人；

（三）在上述两项规定情况下，在第四十六条第一款规定的请求准司法审判进行登记时，对被宣告无效的注册商标的商标权享有专有使用权的人，或者就该商标权或者专有使用权具有第三十一条第四款中准用的特许法第九十九条第一款规定效力的通常使用权人。

商标权人或者专有使用权人，可以请求按照前款规定享有使用商标的权利的人支付合理的对价。

第三十二条第二款的规定，准用于第一款规定的情形。

第三十三条之二 （特许权等保护期限届满后使用商标的权利）

商标注册申请日之前或者同日提出的特许申请的特许权与该注册商标申请的商标权相冲突的情况下，在该特许权保护期限届满后，原特许权人在特许权的原有范围内，拥有在商标注册申请的指定商品或者指定服务或者与其类似的商品或者服务上使用注册商标或者与其近似的商标的权利。但是，该使用不得具有不正当竞争目的。

第三十二条第二款的规定，准用于前款规定的情形。

商标注册申请日之前或者同日申请的实用新案权或者意匠权和该商标注册申请的商标权相冲突时，前两款的规定准用于实用新案权或者意匠权保护期限届满时的情形。

第三十三条之三

商标注册申请日之前或者同日提出的特许申请的特许权和商标注册申请的商标权相冲突时，在该特许权保护期限届满后，该特许权的专用实施权或对该特许权或者专用实施权具有特许法第九十九条第一款效力的通常实施权人，在原权利的范围内，拥有在注册商标申请的指定商品或者指定上或者与其类似的商品或者服务上使用注册商标或者与其近似的商标的权利。但是，该使用不得具有不正当竞争目的。

第三十二条第二款以及第三十三条第二款的规定，准用于前项规定的情形。

商标注册申请日之前或者同日申请的实用新案权或者意匠权和该商标注册申请的商标权相冲突时，前两款的规定准用于实用新案权或者意匠权保护期限届满时的情形。

第三十四条 （质权）

以商标权、专有使用权、通常使用权为标的设立质权时，除契约另有规定外，质权人不得在指定商品或者指定服务上使用该注册商标。

特许法第九十六条（物上代位）的规定，准用于以商标权、专有使用权或者通常使用权为标的的质权。

特许法第九十八条第一款第三项、第二款（登记的效果）的规定，准用于以商标权或者专有使用权为标的的质权。

特许法第九十九条第三款（登记的效果）的规定，准用于以通常使用权为标的的质权。

第三十五条 （特许法的准用）

特许法第七十三条（共有）、第七十六条（没有继承人时特许权的消灭）、第九十七条第一款（放弃）以及第九十八条第一款第一项和第二款（登记的效果）的规定，准用于商标权。在这种情况下，同法第九十八条第一款第一项中的"转移（因继承和其他一般承继发生的转移除外）"应替换为"分割、转移（因继承和其他一般承继发生的转移除外）"。

第二节 权利侵害

第三十六条 （差止请求权）❶

商标权人或者专有使用权人，可以请求侵害其商标权或者专有使用权的行为人或者侵害之虞者停止侵害或者预防侵害。

商标权人或者专有使用权人在按照前款提出请求时，可以请求废弃侵权结果物、销毁供侵害行为使用的设备或者采取其他预防侵害的必要措施。

第三十七条 （视为侵害商标权或者专有使用权的行为）

下列行为，视为侵害商标权或者专有使用权的行为：

（一）在指定商品或者指定服务上使用和注册商标近似的商标的行为，或者在与指定商品或者指定服务类似的商品或者服务上使用注册商标或者与其近似的商标的行为；

（二）在指定商品或者与指定商品或者指定服务类似的商品

---

❶ 日本商标法中所指的差止请求权包括停止侵害请求权、停止侵害危险请求权、废弃侵权结果物请求权、销毁侵权工具请求权，以及采取其他预防侵害的必要措施的请求权。

或者商品包装上贴附注册商标或者与其近似的商标，为了转让、交付或者出口而持有该商品或者商品包装的行为；

（三）在提供指定服务或者与指定服务或者指定商品类似的服务的过程中，在供服务接受者使用的物品上贴附注册商标或者与其近似的商标，为了使用这些物品提供该服务而持有、进口该物品的行为；

（四）在提供指定服务或者与指定服务或者指定商品类似的服务的过程中，在供服务接受者使用的物品上贴附注册商标或者与其近似的商标，为了让他人使用该物品提供该服务而转让、交付或者为了转让、交付而持有或者进口该物品的行为；

（五）为了在指定商品或者指定服务或者与其类似的商品或者服务上使用注册商标或者与其近似的商标，而持有表示注册商标或者与其近似的商标的物品的行为；

（六）为了让他人在指定商品或者指定服务或者与其类似的商品或者服务上使用注册商标或者与其近似的商标，而转让、交付或者为了转让、交付而持有表示注册商标或者与其近似的商标的物品的行为；

（七）为了使自己或者他人在指定商品或者指定服务或者与其类似的商品或者服务上使用注册商标或者与其近似的商标，生产或者进口表示注册商标或者与其近似的商标的物品的行为；

（八）以营业为目的生产、转让、交付或者进口唯一用来生产表示注册商标或者与其近似的商标的物品的物品的行为。❶

第三十八条 （损害额的推定等）

商标权人或者专有使用权人请求故意或者过失侵害自己商标权或者专有使用权的人赔偿自己因此所遭受的损失时，如果侵权

---

❶ 日本商标法该项的意思是指以营业为目的生产、转让、交付或者进口专门用来制造商标标识的工具的行为。比如，进口专门用来制造商标标识的模具的行为。

行为人转让了构成侵权行为的物品，则其转让的商品数量（本款以下称为转让数量）乘以商标权人或者专有使用权人在不存在侵权行为时可以销售的商品的单位数量利润所得的数额，在不超过和商标权人或者专有使用权人的使用能力相称的限度范围内，可以作为商标权人或者专有使用权人遭受的损害额。但是，转让数量的全部或者一部分存在商标权人或者专有使用权人无法销售的情况时，应当扣除与该情况相当的数量。

商标权人或者专有使用权人请求故意或者过失侵害自己商标权或者专有使用权的人赔偿自己所遭受的损失时，侵权行为人因为侵权获得了利益时，该利益额推定为商标权人或者专有使用权人遭受的损害额。

商标权人或者专有使用权人在请求故意或者过失侵害自己商标权或者专有使用权的人赔偿自己所遭受的损失时，可以将与使用注册商标应该获得的金钱额相当的数额作为自己遭受的损失请求赔偿。

前款的规定，不妨碍请求赔偿超过同款规定金额的损害赔偿。在这种情况下，侵害商标权或者专有使用权的人没有故意或者重大过失时，法院在确定损害赔偿数额时，应当予以考虑。

第三十九条　（特许法的准用）

特许法第一百零三条（过失的规定）、第一百零四条之二至第一百零五条之六（具体方式的明示义务、特许权人等的权利行使的限制、书面文件的提交等、损害计算的鉴定、相当损害额的推定、秘密保持命令、秘密保持命令的撤销以及诉讼记录的阅览等的请求通知等）以及第一百零六条（信用恢复措施）的规定，准用于商标权或者专有使用权。

第三节 注 册 费

第四十条 （注册费）

获得商标权设定注册的人，每件申请应当缴纳 37 600 日元乘以类别（指指定商品或者指定服务所属的第六条第二款政令规定的商品或者服务的类别。以下规定相同）数所得乘积的注册费。

申请商标权保护期限续展注册的人，每件申请应当缴纳 48 500 日元乘以类别数所得乘积的注册费。

商标权属于国家所有时，前两款规定不适用。

第一款和第二款的注册费，商标权属于国家和国家以外的人按份共有时，不管第一款和第二款的规定如何，国家以外的人必须缴纳各款规定的注册费乘以其所持份额所得乘积的注册费。

按照前款规定计算的注册费未满 10 日元的尾数，应当舍弃。

第一款和第二款注册费的缴纳，必须按照经济产业省令的规定，采用特许印花的形式缴纳。但是，经济产业省令规定应当以现金缴纳的，应当以现金缴纳。

第四十一条 （注册费的缴纳期限）

前条第一款规定的注册费，必须自核准商标注册的审查决定或者准司法判决副本送达之日起 30 日内缴纳。

应该缴纳注册费的人提出请求时，以 30 日为限，特许厅这长官可以延长前款规定的缴纳期限。

前条第二款规定的注册费，必须在提出续展注册申请时同时缴纳。

第四十一条之二 （注册费的分期缴纳）

获得商标权设定注册的人，不管第四十条第一款的规定如何，可以分期缴纳注册费。在这种情况下，自核准商标注册的审查决定或者准司法判决副本送达之日起 30 日内，每件申请必须缴纳21 900日元乘以类别数所得乘积的注册费,在商标权保护期限届满前五年,每件申请必须缴纳21 900日元乘以类别数所得乘积的注册费。

申请商标权续展注册的人,不管第四十条第二款的规定如何,可以分期缴纳注册费。在此情况下,在提出续展注册申请的同时,每件申请必须缴纳28 300日元乘以类别数所得乘积的注册费,在商标权保护期限届满前五年,每件申请必须缴纳28 300日元乘以类别数所得乘积的注册费。

商标权人按照第一款或者前款规定在保护期限届满前五年不能缴纳注册费时,在该期限届满后6个月内,也可以追纳注册费。

按照前款规定在可以追纳的期限内,没有按照第一款或者第二款规定在保护期限届满前五年缴纳应该缴纳的注册费以及第四十三条第三款规定的增额注册费时,该商标权视为在保护期限届满前五年消灭。

第四十条第三款至第五款的规定,准用于第一款和第二款规定的情形。

前条第二款的规定,准用于第一款规定的自核准商标注册的审查决定或者准司法判决副本送达之日起30日内必须缴纳注册费的情形。

第四十一条之三 (利害关系人缴纳注册费)

利害关系人即使违反应该缴纳者的意志,也可以缴纳注册费,但应该和续展注册申请同时缴纳的注册费除外。

按照前款规定缴纳了注册费的利害关系人,在应该缴纳者实际获得利益的限度内,可以请求返还缴纳的费用。

第四十二条 (已纳注册费的返还)

在下列情况下,已经缴纳的注册费,可以请求返还:

(一)多缴、误缴的注册费;

(二)按照第四十一条之二第一款或者第二款规定在商标权

保护期限届满前五年应该缴纳的注册费（限于商标权保护期限届满前五年第四十三条之三第二款的撤销决定或者商标权无效宣告的准司法判决生效的情形）

前款规定注册费的返还，同款第一项的注册费自缴纳之日起1年、同款第二项的注册费自第四十三条之三第二款的撤销决定或者准司法判决生效之日起满6个月后，不得再提出请求。

第四十三条　（增额注册费）

按照第二十条第三款或者第二十一条第一款规定提出续展注册申请的人，除了缴纳第四十条第二款规定应当缴纳的注册费之外，还必须缴纳和该注册费同额的增额注册费。

在第四十一条之二第二款的情况下，前款规定的人除了按照同条第二款规定在提出续展注册申请的同时缴纳应该缴纳的注册费之外，还必须缴纳和该注册费同额的增额注册费。

在第四十一条之二第三款的情况下，商标权人除了缴纳同条第一款或者第二款规定的商标权保护期限届满前五年应该缴纳的注册费之外，还必须缴纳和该注册费同额的增额注册费。

前三款增额注册费的缴纳，必须按照经济产业省令的规定，采用特许印花的形式缴纳。但是，经济产业省令规定应当以现金缴纳的，则应当以现金缴纳。

第四章之二　注册异议的提出

第四十三条之二　（注册异议的提出）

自商标公报发行之日起2个月内，任何人都可以商标注册具备下列各项规定情形之一为由，向特许厅长官提出注册异议。在这种情况下，对于指定商品或者指定服务为两个以上的商标注册，可以按照每个指定商品或者指定服务分别提出注册异议。

（一）该商标注册违反第三条、第四条第一款、第七条之二第一款、第八条第一款、第二款或者第五款、第五十一条第二款（包括第五十二条之二第二款中准用的情形）、第五十三条第二款或者第七十七条第三款中准用的特许法第二十五条规定；

（二）该商标注册违反条约的规定。

第四十三条之三　（决定）

注册异议的审理及其决定，由三名或者五名准司法审判员组成的合议庭进行。

认为注册异议的商标注册存在前条各项规定情形之一的，准司法审判员必须作出撤销决定（以下称为撤销决定）。

撤销决定生效时，该商标权视为自始不存在。

认为注册异议的商标注册不存在前条各项规定情形之一的，准司法审判员必须作出维持该商标注册的决定。

对前款的决定，不得提出不服申请。

第四十三条之四　（提出异议的方式等）

提出注册异议的人，必须向特许厅长官提交记载下列事项的注册异议申请书：

（一）注册异议提出人及代理人的姓名或者名称及其住所或者居所；

（二）提出注册异议的商标注册标记；

（三）提出注册异议的理由以及必要证据。

按照前款规定提出的注册异议申请书的修改，不得进行实质性改变。但是，第四十三条之二规定的期限经过后30日内，对前款第三项规定事项的修改，不在此限。

特许厅长官可以按照偏远或者交通不便地区的人的请求或者依照职权，延长前款规定的期间。

准司法审判长必须将注册异议申请书副本送交商标权人。

第四十六条第三款的规定，准用于注册异议。

第四十三条之五　（准司法审判员的指定等）

第五十六条第一款中准用的特许法第一百三十六条第二款、第一百三十七条至第一百四十四条的规定，准用于第四十三条之三第一款规定的合议庭以及组成合议庭的准司法审判员。

第四十三条之五之二　（准司法审判书记员）

特许厅长官必须指定各注册异议案件的准司法审判书记员。

第五十六条第一款中准用的特许法第一百四十四条之二第三款至第五款的规定，准用于前款的准司法审判书记员。

第四十三条之六　（审理的方式等）

注册异议的审理采取书面审理的方式。但是，准司法审判长按照商标权人、注册异议提出人或者参加人的申请或者依照职权，可以采取口头审理的方式。

第五十六条第一款中准用的特许法第一百四十五条第三款至第五款、第一百四十六条以及第一百四十七条的规定，准用于前款但书规定的口头审理。

共有商标权的商标权人之一在注册异议审理和决定程序中发生中断或者中止原因的，该中断或者中止，对所有共有人产生效力。

第四十三条之七 （参加）

对商标权拥有权利的人或者其他与商标权具有利害关系的人，为了协助商标权人，在注册异议作出决定之前，可以参加审理。

第五十六条第一款中准用的特许法第一百四十八条第四款和第五款以及第一百四十九条的规定，准用于前款规定的参加人。

第四十三条之八 （证据调查以及证据保全）

第五十六条第一款中准用的特许法第一百五十条以及第一百五十一条的规定，准用于注册异议审理中的证据调查或者证据保全。

第四十三条之九 （依照职权的审理）

注册异议审理过程中，即使商标权人、注册异议提出人或者参加人没有提出的理由，也可以进行审理。

注册异议审理过程中，没有提出注册异议的指定商品或者指定服务，不能进行审理。

第四十三条之十 （注册异议的合并或者分立）

对于同一个商标权提出两个以上注册异议时，除存在特殊理由外，应当合并审理。

按照前款规定进行的合并审理，也可以分开进行审理。

第四十三条之十一 （注册异议的撤回）

按照第四十三条之十二规定通知后，注册异议不得撤回。

第五十六条第二款中准用的特许法第一百五十五条第三款的规定，准用于注册异议的撤回。

第四十三条之十二 （撤销理由的通知）

决定作出撤销决定的，准司法审判长必须将商标注册撤销的理由通知商标权人及其参加人，并指定期限，给予其提出意见的机会。

第四十三条之十三 （决定的方式）

注册异议的决定，必须采用记载了下列事项的书面形式作出：

（一）注册异议案件的编号；

（二）商标权人、注册异议人、参加人以及代理人的姓名或者名称及其住所或者居所；

（三）作出决定的商标注册标记；

（四）作出决定的结论及其理由；

（五）作出决定的年月日。

作出决定后，特许厅长官必须将决定副本送交商标权人、注册异议人、参加人以及申请参加注册异议审理但被拒绝的人。

第四十三条之十四 （准司法审判规定的准用）

第五十六条第一款中准用的特许法第一百三十三条、第一百三十三条之二、第一百三十四条第四款、第一百三十五条、第一百五十二条、第一百六十八条、第一百六十九条第三款至第六款以及第一百七十条的规定，准用于注册异议的准司法审判及其决定。

第四十三条之三第五款的规定，准用于按照前款中准用的特许法第一百三十五条规定作出的决定。

第五章　准司法审判

第四十四条　（对不予核准商标注册的决定的准司法审判）

获得不予核准商标注册决定的人不服该决定时，可以自该决定副本送达之日起 30 日内请求准司法审判。

由于不可归责的事由，请求前款准司法审判的人在同款规定的期限内不能提出准司法审判请求时，不管同款的规定如何，可以在该理由消失之日起 14 日内（侨居国外的人为 2 个月）并在该期限届满后 6 个月内提出。

第四十五条　（对驳回修改决定的准司法审判）

按照第十六条之二第一款规定获得驳回修改决定的人不服该决定时，可以自该决定副本送达之日起 3 个月内请求准司法审判。但是，按照第十七条之二第一款中准用的意匠法第十七条之三第一款规定提出新的商标注册申请的，不在此限。

前条第二款的规定，准用于前款的准司法审判请求。

第四十六条　（商标注册的无效准司法审判）

商标注册具有下列情形之一的，可以提出该商标注册无效的准司法审判。如果商标注册有两个以上指定商品或者指定服务的，可以按照每个指定商品或者指定服务分别提出请求。

（一）该商标注册违反第三条、第四条第一款、第七条之二第一款、第八条第一款、第二款或者第五款、第五十一条第二款（包括第五十二条之二第二款中的准用的情形）、第五十三条第二款或者第七十七条第三款中准用的特许法第二十五条的规定的；

（二）该商标注册违反条约的；

（三）该商标注册系由没有承继该商标注册申请所生权利的人提出的商标注册申请的；

　（四）商标注册后，其商标权人按照第七十七条第三款中准用的特许法第二十五条的规定变成了不能享有该商标权的人的，或者该商标注册违反条约的；

　（五）商标注册后，该注册商标变成了第四条第一款第一项至第三项、第五项、第七项或者第十六项所列商标的；

　（六）地域集体商标注册后，该商标权人丧失了协会等的资格的，或者该注册商标作为表示商标权人或者其成员所属业务的商品或者服务的标识在消费者中不再广为知晓或者不再符合第七条之二第一款规定的地域集体商标的。

　前款的准司法审判，即使在商标权消灭后也可以提出请求。

　准司法审判长收到第一款规定的准司法审判请求的，必须通知该商标权的专有使用权人或者其他就该商标的注册享有权利的人。

第四十六条之二

　商标注册无效的准司法判决生效时，商标权视为自始不存在。但是，商标注册符合前条第一款第四项至第六项规定的情形的，该注册商标无效的准司法判决生效时，商标权视为自该商标注册符合同款第四项至第六项规定的情形时起不存在。

　在前款但书规定的情形中，商标注册符合前条第一款第四项至第六项情形的时间无法确定的，商标权自提出无效准司法审判的请求登记之日起不存在。

第四十七条

　商标注册违反第三条、第四条第一款第八项或者第十一项至第十四项或者第八条第一款、第二款或者第五款的规定的，商标注册违反第四条第一款第十项或者第十七项的规定的（出于不正当竞争目的获得商标注册的除外），商标注册违反第四条第一款第十五项的规定的（出于不正当目的获得商标注册的除外）或者具备第四十六条第一款第三项规定的情形的,自商标权设定注册之日起满五年的,不得再请求该商标注册的无效准司法审判。

商标注册违反第七条之二第一款的情况下(限于商标使用的结果导致作为表示商标注册申请人或者其成员业务所属商品或者服务的标识在消费者中不再广为知晓的情形),自商标权设定注册之日开始经过五年,而且作为表示该注册商标的商标权人或者其成员业务所属商品或者服务的标识在消费者中广为知晓时,对该商标注册不得再请求第四十六条第一款的无效准司法审判。

第四十八条　删除

第四十九条　删除

第五十条　(商标注册的撤销准司法审判)

商标权人、专有使用权人或者通常使用权人连续三年以上在日本国内都没有在指定商品或者指定服务上使用注册商标(包括仅仅字体变更的相同文字构成的商标,平假名、片假名以及罗马字的文字表示相互变更但产生相同读音和含义的商标,外观上产生同样视觉效果的图形构成的商标,以及其他在社会一般观念上被认为和注册商标相同的商标。本条以下规定相同)时,任何人都可以请求撤销该指定商品或者指定服务上的注册商标。

提出前款规定的请求时,只要被请求人不能证明在该准司法审判请求登记之前的三年内在日本国内商标权人、专有使用权人或者通常使用权人中的任何一个在请求撤销的任何一种指定商品或者指定服务上使用了注册商标的,该商标权人在该指定商品或者指定服务上的商标注册就必须被撤销。但是,被请求人证明在该指定商品或者指定服务上不能使用注册商标具有正当理由时,不在此限。

自第一款的准司法审判请求前三个月开始至该准司法审判请求登记之日,在日本国内商标权人、专有使用权人或者通常使用权人中的任何一个在指定商品或者指定服务上使用了注册商标时，如果请求人证明该注册商标的使用发生在被请求人知道该准司法审判请求之后，该注册商标的使用不属于第一款规定的注册商标的使用。但是，被请求人证明该注册商标的使用具有正当理由的，不在此限。

第五十一条

商标权人故意在指定商品或者指定服务上使用与注册商标近似的商标或者在与指定商品或者指定服务类似的商品或者服务上使用注册商标或者与其近似的商标，致使他人对该商品的质量或者服务的品质发生误认或者与他人业务所属商品或者服务发生混淆的，任何人都可以提出撤销该商标注册的准司法审判请求。

曾经作为商标权人的人，自按照前款规定撤销商标注册的准司法判决生效之日起五年内，不得在该商标注册的指定商品或者指定服务或者与其类似的商品或者服务上，将该注册商标或者与其近似的商标申请商标注册。

第五十二条

前条第一款的准司法审判，在商标权人停止同款规定的商标使用事实之日起满五年的，不得再提出请求。

第五十二条之二

商标权转移导致使用在相同商品或者服务上的近似注册商标或者使用在类似商品或者服务上的相同或者近似商标的商标权属于不同的商标权人的，其中任何一个注册商标的商标权人出于不正当竞争目的，在指定商品或者指定服务上使用注册商标导致和其他注册商标的商标权人、专有使用权人或者通常使用权人业务所属的商品或者服务发生混淆的，任何人都可以提出撤销该注册商标的准司法审判请求。

第五十一条第二款以及前条的规定，准用于前款的准司法审判。

第五十三条

专有使用权人或者通常使用权人在指定商品或者指定服务或者与其类似的商品或者服务上使用注册商标或者与其近似的商标，致使他人对商品的质量或者服务的品质发生误认或者和他人业务所属的商品或者服务发生混淆的，任何人都可以提出撤销该注册商标的准司法审判请求。但是，商标权人不知道上述事实并且尽到了注意义务的，不在此限。

商标权人或者专有使用权人或者通常使用权人进行前款规定的使用时，自按照前款规定撤销商标注册的准司法判决生效之日起未满五年的，不得在该商标注册的指定商品或者指定服务或者与其类似的商品或者服务上，将该注册商标或者与其近似的商标申请商标注册。

第五十二条的规定，准用于第一款的准司法审判。

第五十三条之二

注册商标属于在巴黎公约成员国、世界贸易组织成员或者商标法条约缔约国境内享有商标权利的人使用在该权利所属商标指定商品或者指定服务或者与其类似的商品或者服务上的相同商标或者近似商标，并且该商标注册申请属于没有正当理由未经享有商标权利的人的许可、由其代理人或者代表人或者在该商标注册申请日之前一年内由其代理人或者代表人提出的，就该商标享有权利的人可以提出撤销该商标注册的准司法审判请求。

第五十三条之三

前条的准司法审判，自商标权设定注册之日起满五年的，不得再提出请求。

第五十四条

撤销商标注册的准司法判决产生效力时，商标权随即消灭。

不管前款规定如何，按照第五十条第一款规定的准司法审判作出的撤销商标注册的准司法判决产生效力时，商标权视为在同款准司法审判请求登记之日消灭。

第五十五条

第四十六条第三款的规定，准用于第五十条第一款、第五十一条第一款、第五十二条之二第一款、第五十三条第一款或者第五十三条之二规定的准司法审判请求。

第五十五条之二 （对不予核准注册的审查决定提出的准司法审判中的特殊规定）

第十五条之二以及第十五条之三的规定，准用于发现和第四十四条第一款规定的准司法审判中作出审查决定的理由不同的不予核准注册的理由的情形。

第十六条的规定，准用于第四十四条第一款规定的准司法审判请求具有理由的情形。但是，按照第五十六条第一款中准用的特许法第一百六十条第一款的规定作出应当再进行审查的准司法审判决时，不在此限。

第十六条之二以及意匠法第十七条之三的规定，准用于第四十四条第一款的准司法审判。在此情况下，第十六条之二第三款以及第十七条之三第一款中的"3个月"应替换为"30日"，第十六条之二第四款中的"请求第四十五条第一款的准司法审判时"应替换为"提起第六十三条第一款的诉讼时"。

第五十六条 （特许法的准用）

特许法第一百三十一条第一款、第一百三十一条之二第一款、第一百三十二条至第一百三十三条之二、第一百三十四条第一款、第三款以及第四款、第一百三十五条至第一百五十四条、第一百五十五条第一款以及第二款、第一百五十六条至第一百五十八条、第一百六十条第一款以及第二款、第一百六十一条以及第一百六十七条至第一百七十条（准司法审判的效果、准司法审判的请求、准司法审判员、准司法审判的程序、和诉讼的关系以及准司法审判中费用）的规定，准用于准司法审判。在此情况下，特许法第一百三十一条之二第一款中的"在请求特许无效准司法审判以外的准司法审判中提出同款第三项所列请求的理由或者按照次款规定经过准司法审判长许可的"应替换为"在提出商标法第四十六条第一款准司法审判以外的准司法审判请求中提出同法第五十六条第一款中准用特许法第一百三十一条第一款第三项所列理由"，同法第一百三十二条第一款以及第一百六十七条中的"特许无效准司法审判或者延长注册无效准司法审判"以及同法第一百四十五条第一款、第一百六十九条第一款中的"特许无效准司法审判以及延长注册无效准司法审判"应替换为"商标法第四十六条第一款、第五十条第一款、第五十一条第一款或者第五十二条之二第一款、第五十三条第一款或者第五十三条之二的准司法审判"，同法第一百三十九条第一项、第二项以及第五项中的"当事人或者参加人"应替换为"当事人、参加人或者注册异议提出人"，同条第三项中的"当事人或者参加人"应替换为"当事人、参加人或者注册异议提出人"，同法第一百六十一条中的"驳回决定不服准司法审判"以及同法第一百六十九条第三款中的"驳回决定不服准司法审判以及订正准司法审判"应替换为"商标法第四十四条第一款或者第四十五条第一款的准司法审判"，同法第一百六十八条第一款中的"其他准司法审判的准司法判决"应替换为"注册异议的决定或者其他准司法审判的准司法判决"。

特许法第一百五十五条第三款（准司法审判请求的撤回）的规定，准用于第四十六条第一款中的准司法审判。

第五十六条之二　（意匠法的准用）

意匠法第五十一条的规定，准用于第四十五条第一款的准司法审判。

第六章 再审以及诉讼

第五十七条（再审的请求）

已经生效的撤销决定或者准司法判决,当事人或者参加人可以请求再审。

民事诉讼法第三百三十八条第一款和第二款以及第三百三十九条（再审的事由）的规定,准用于前款的再审请求。

第五十八条

准司法审判请求人和被请求人合谋以损害第三人的权利或者利益为目的导致作出准司法判决时,第三人对该生效的准司法判决可以请求再审。

前款的再审,必须以该请求人和被请求人作为共同被请求人。

第五十九条 （因为再审恢复的商标权效力的限制）

被撤销或者宣告无效的注册商标的商标权,因为再审而恢复的,该商标权的效力不及于下列行为：

（一）该撤销决定或者准司法判决生效后再审请求登记前在指定商品或者指定服务上对该注册商标的善意使用行为；

（二）该撤销决定或者准司法判决生效后再审请求登记前善意从事的第三十七条各项所列行为。

第六十条

被撤销或者无效宣告的商标权因为再审恢复的,或者不予核准商标注册申请的准司法判决因再审而获得商标权设定注册的,该撤销决定或者准司法判决生效后再审请求登记之前,善意地在日本国内在指定商品或者指定服务或者与其类似的商品或者服务上使用注册商标或者与其近似的商标，致使在再审请求登记时该商标作为表示自己业务所属商品或者服务的标识已经在消费者中广为知晓，并且继续在该商品或者服务上使用该商标时，该使用者享有在该商品或者服务上使用该商标的权利。承继该业务的人，享有同样的权利。

第三十二第二款的规定，准用于前款规定的情形。

第六十条之二 （准司法审判规定的准用）

第四十三条之三、第四十三条之五至第四十三条之九、第四十三条之十二至第四十三条之十四、第五十六条第一款中准用的特许法第一百三十一条第一款、第一百三十一条之二第一款正文、第一百三十二条第三款、第一百五十四条、第一百五十五条第一款、第一百五十六条以及第五十六条第二款中准用的同法第一百五十五条第三款的规定，准用于对生效的撤销决定的再审。

第五十五条之二的规定，准用于对第四十四条第一款的准司法审判的生效准司法判决提出的再审。

第五十六条之二的规定，准用于对第四十五条第一款的准司法审判的生效准司法判决提出的再审。

第六十一条 （特许法的准用）

特许法第一百七十三条（再审的请求期限）以及第一百七十四条第二款和第四款（再审规定等的准用）的规定，准用于再审。在此情况下，同法第一百七十三条第一款以及第三款至第五款中的"准司法判决"应替换为"撤销决定或者准司法判决"，同法第一百七十四条第二款中的"特许无效准司法审判或者延长注册无效准司法审判"应替换为"商标法第四十六条第一款、第五十条第一款、第五十一条第一款、第五十二条之二第一款、第五十三条第一款或者第五十三条之二的准司法审判"。

第六十二条 （意匠法的准用）

意匠法第五十八条第二款（准司法审判规定的准用）的规

定，准用于对第四十四条第一款的准司法审判生效准司法判决提出的再审。

意匠法第五十八条第三款的规定，准用于对第四十五条第一款的准司法审判生效判决提出的再审。

第六十三条　（对准司法判决等提起的诉讼）

对撤销决定或者准司法判决提起的诉讼，对按照第五十五条之二第三款（包括第六十条之二第二款中准用的情况）中准用的第十六条之二第一款的规定驳回的决定提起的诉讼，以及对注册异议申请书或者准司法审判或者再审请求书的驳回决定提起的诉讼，由东京高等法院专属管辖。

特许法第一百七十八条第二款至第六款（起诉期间等）、第一百七十九条至第一百八十条之二（被告适格、起诉通知以及准司法判决撤销诉讼中特许厅长官的意见）、第一百八十一条第一款以及第五款（准司法判决或者决定的撤销）以及第一百八十二条（判决正本的送达）的规定，准用于前款的诉讼。在此情况下，同法第一百七十八条第一款中的"该准司法审判"应替换为"该注册异议的审理、准司法审判"，同法第一百七十九条中的"特许无效准司法审判或者延长注册无效准司法审判"应替换为"商标法第四十六条第一款、第五十条第一款、第五十一条第一款、第五十二条之二第一款、第五十三条第一款或者第五十三条之二的准司法审判"。

第六十三条之二　（不服与诉讼的关系）

特许法第一百八十四条之二（不服与诉讼的关系）的规定，准用于按照本法或者基于本法的命令的规定所做处理（第七十七条第七款规定的处理除外）提出的撤销诉讼。

第七章　防御标识

第六十四条　（防御标识的注册要件）

商标权人，在其商品注册商标作为表示其业务所属指定商品的标识在消费者中广为知晓的情况下，如果因他人将该注册商标在指定商品或者与其类似商品以外的商品或者与指定商品类似服务以外的服务上使用而导致其商品或者服务与自己业务所属的指定商品产生混淆之虞的，对于该种商品或者服务，可以将与该注册商标相同的标识申请防御标识注册。

商标权人，在其服务注册商标作为表示其业务所属的指定服务的标识在消费者中广为知晓的情况下，如果因他人将该注册商标在指定服务或者与其类似服务以外的服务或者与指定服务类似的商品以外的商品上使用而导致其服务或者商品与自己业务所属的指定服务产生混淆之虞的，对于该种服务或者商品，可以将与该注册商标相同的标识申请防御标识注册。

地域集体商标适用前两款规定进行防御标识注册的，前两款规定中的"自己的"应替换为"自己或者其成员的"。

第六十五条　（申请的变更）

商标注册申请人，可以将其商标注册申请变更为防御标识注册申请。

在商标注册申请作出的核准注册审查决定或者准司法判决生效后，不得提出前款规定的变更申请。

第十条第二款和第三款以及第十一条第五款的规定，准用于按照第一款规定提出的变更申请。

第六十五条之二 （基于防御标识注册的权利的保护期限）

基于防御标识注册的权利的保护期限，自设定注册之日起十年届满。

基于防御标识注册的权利的保护期限，可以提出续展注册申请加以续展。但是，注册的防御标识丧失了第六十四条规定的可以获得防御标识注册的要件的，不在此限。

第六十五条之三 （基于防御标识注册的权利的保护期限的续展）

申请续展基于防御标识注册的权利的保护期限的人，必须向特许厅长官提交记载了下列事项的申请书：

（一）申请人的姓名或者名称及其住所或者居所；

（二）防御标识注册的注册编号；

（三）前两项所列事项以外的、经济产业省令规定的事项。

续展注册的申请，必须在基于防御标识注册的权利保护期限届满前六个月内提出。

申请续展基于防御标识注册的权利的保护期限的人，由于不可归责的理由，无法在前款规定的期限内提出续展注册申请的，在该理由消失后的十四日以内（侨居在国外者二个月）并且以该期限经过后六个月为限，可以提出续展申请。

基于防御标识注册的权利的保护期限申请了续展注册时，其保护期限，视为在原保护期限届满时（按照前款规定提出申请的，自申请时）续展。但是，该申请不予核准注册的审查决定或者准司法判决生效后，或者基于防御标识注册的权利保护期限进行了续展注册的，不在此限。

第六十五条之四

基于防御标识注册的权利的保护期限续展注册的申请存在下列情形之一的，审查员必须作出不予核准续展注册的审查决定：

（一）申请的注册防御标识丧失了第六十四条规定的可以获

得防御标识注册的要件；

（二）申请人是非拥有基于防御标识注册的权利人。

审查员没有发现不予核准注册的基于防御标识注册的权利保护期限续展注册申请理由的，必须作出续展注册的审查决定。

第六十五条之五

第十四条、第十五条之二以及特许法第四十八条（审查员的回避）和第五十二条（决定的方式）的规定，准用于基于防御标识注册的权利保护期限续展注册申请的审查。

第六十五条之六 （基于防御标识注册的权利保护期限的续展注册）

按照第六十五条之七第二款规定缴纳了注册费时，应当对该基于防御标识注册的权利保护期限的续展注册申请进行注册。

进行前款规定的注册的，必须在商标公报上刊载下列事项：

（一）基于防御标识注册的权利享有者的姓名或者名称以及住所或者居所；

（二）注册编号以及续展注册的年月日；

（三）除了前两项规定以外的其他必要事项。

第六十五条之七 （注册费）

获得基于防御标识注册的权利的设定注册的人，每件申请必须缴纳 37 600 日元乘以类别数所得乘积数额的注册费。

获得基于防御标识注册的权利保护期限续展注册的人，每件申请必须缴纳 41 800 日元乘以类别数所得乘积数额的注册费。

第四十条第三款至第五款的规定，准用于前两款规定。

第六十五条之八 （注册费的缴纳期限）

前条第一款规定的注册费，必须自核准防御标识注册的审查决定或者准司法判决的副本送达之日起三十日内缴纳。

前条第二款规定的注册费，必须自核准防御标识续展注册的审查决定或者准司法判决的副本送达之日（防御标识保护期限届满前送达的，指保护期限届满之日）起三十日之内缴纳。

应该缴纳注册费的人提出请求时，特许厅长官可以三十日为限，延长前两款规定的期限。

第六十五条之九 （利害关系人缴纳注册费）

利害关系人，即使违反应该缴纳者的意志，也可以缴纳第六十五条之七第一款或者第二款规定的注册费。

按照前款规定缴纳了注册费的利害关系人，在应该缴纳者获得的实际利益限度内，可以请求返还该注册费用。

第六十五条之十 （多缴、误缴的注册费的返还）

多缴、误缴的第六十五条之七第一款或者第二款规定的注册费，可以请求返还。

前款规定的注册费，自缴纳之日起满一年的，不得再请求返还。

第六十六条 （基于防御标识注册的权利的附随性）

基于防御标识注册的权利，该商标权分割时消灭。

基于防御标识注册的权利，该商标权转移时，与该商标权一起转移。

基于防御标识注册的权利，该商标权消灭时，一起消灭。

按照第二十条第四款规定商标权视为消灭时，按照第二十一条第二款规定恢复的该商标权所属的基于防御标识注册的权利的效力，不及于第二十条第三款规定的可以提出续展注册申请的期限经过后、因第二十一条第一款的申请商标权保护期限进行续展注册前的次条各项所列行为。

第六十七条 （视为侵权的行为）

下列行为，视为侵害商标权或者专有使用权的行为：

（一）在指定商品或者指定服务上使用注册防御标识；

（二）在指定商品或者该商品包装上贴附注册防御标识，为了转让、交付或者出口而持有这些商品或者商品包装的行为；

（三）在提供服务的过程中，在供服务接受者使用的物品上贴附注册防御标识，并为了使用该物品提供指定服务而持有或者进口该物品的行为；

（四）在提供服务过程中，在供服务接受者使用的物品上贴附注册防御标识，并为了让他人使用该物品提供指定服务而转让、交付、或者为了转让或者交付而持有以及进口该物品的行为；

（五）为了在指定商品或者指定服务上使用注册防御标识而持有表示注册防御标识的物品的行为；

（六）为了让他人在指定商品或者指定服务上使用注册防御标识而转让、交付、或者为了转让或者交付而持有表示该注册防御标识的物品的行为；

（七）为了自己或者为了让他人在指定商品或者指定服务上使用注册防御标识而生产或者进口表示注册防御标识的物品的行为。

第六十八条　（关于商标规定的准用）

　　第五条、第五条之二、第六条第一款和第二款、第九条之二至第十条、第十二条之二、第十三条第一款以及第十三条之二的规定，准用于防御标识注册申请。在此情况下，第五条第一款中的"（三）指定商品或者指定服务以及第六条第二款的政令规定的商品或者服务类别"应替换为"（三）指定商品或者指定服务以及第六条第二款政令规定的商品或者服务类别；（四）防御标识注册申请的商标注册的注册编号"，第五条之二第一款中的"（四）没有记载指定商品或者指定服务的"应替换为"（四）没有记载指定商品或者指定服务的；（五）没有记载防御标识注册申请的商标注册的注册编号的"，第十三条之二第五款中的"第三十七条"应替换为"第六十七条（第一项所属部分除外）"。

　　第十四条至第十五条之二以及第十六条至第十七条之二的规定，准用于防御标识注册申请的审查。在此情况下，第十五条第一项中的"第三条、第四条第一款、第七条之二第一款、第八条第二款或者第五款、第五十一条第二款(包括第五十二条之二第二款中准用的情形)、第五十三条第二款"应替换为"第六十四条"。

第十八条、第二十六条至第二十八条之二、第三十二条至第三十三条之三、第三十五条、第三十九条中准用的特许法第一百零四条之三以及第六十九条的规定,准用于基于防御标识注册的权利。在此情况下,第十八条第二款中的"按照第四十条第一款规定的注册费或者按照第四十一条之二第一款规定自核准商标注册的审查决定或者准司法判决的副本送达之日起三十日内应该缴纳的注册费"应替换为"第六十五之七第一款规定的注册费"。

第四十三条之二至第四十五条、第四十六条(第一款第六项除外)、第四十六条之二、第五十三条之二、第五十三条之三、第五十四条第一款以及第五十五条之二至第五十六条之二的规定,准用于防御标识注册的注册异议以及准司法审判。在此情况下,第四十三条之二第一项以及第四十六条第一款第一项中的"第三条、第四条第一款、第七条之二第一款、第八条第一款、第二款以及第五款、第五十一条第二款(包括第五十二条之二第二款中准用的情形)、第五十三条第二款"应替换为"第六十四条",同款第五项中的"该注册商标变成了第四条第一款第一项至第三项、第五项、第七项或者第十六项所列商标时"应替换为"商标注册违反第六十四条的规定的"。

第五十七条至第六十三条之二的规定,准用于防御标识注册的再审以及诉讼。在此情况下,第五十九条第二项中的"第三十七条各项"应替换为"第六十七条第二项至第七项",第六十条中的"商标注册的商标权"应替换为"防御标识注册的基于防御标识注册的权利","商标注册申请"应替换为"防御标识注册申请或者基于防御标识注册的权利保护期限的续展注册申请","商标权设定注册"应替换为"基于防御标识注册的权利的设定注册或者基于防御标识注册的权利保护期限的续展注册","或者与其类似的商品或者服务上的该注册商标或者与其近似的商标"应替换为"与该注册防御标识相同的商标"。

第七章之二　基于马德里协定的特例

第一节　国际注册申请

第六十八条之二　（国际注册申请）

日本国民或者在日本国内有住所或者居所（法人指营业所）的外国人希望获得1989年6月27日在马德里采纳的关于商标国际注册马德里协定的议定书第二条（1）规定的国际注册（以下称为国际注册）的，必须以下列各项之一为基础，按照协定书第二条（2）的规定向特许厅长官提出申请（以下称为国际注册申请）。在此情况下，符合经济产业省令规定的要件的，两人以上可以共同提出国际注册申请。

（一）正在特许厅审查过程中的商标注册申请或者防御标识注册申请（以下称为商标注册申请等）；

（二）商标注册或者防御标识注册（以下称为商标注册等）。

希望提出国际注册申请的人，必须按照经济产业省令的规定提交用外国语制作的申请书和其他必要书面文件。

申请书必须记载下列事项：

（一）请求保护国际注册申请的商标的议定书缔约国国家名称；

（二）请求保护的国际注册申请的商品或者服务以及第六条第二款政令规定的商品或者服务的类别。

希望国际注册申请的商标或者标识适用议定书第三条（3）规定的人，必须在申请书中声明并记载色彩或者色彩的组合，而且必须在申请书中添附附着了色彩的商标注册申请的商标或者标识或者注册商标或者注册防御标识的复本。

第六十八条之三

特许厅长官必须将国际注册申请书以及必要的书面文件送交议定书第二条（1）规定的国际事务局（以下称为国际事务局）。

在前款情况下，申请书的记载事项和作为申请基础的商标注册申请等或者注册商标等的记载事项一致的，特许厅长官必须在申请书中记载该要旨以及国际注册申请的受理之日。

在第一款的情况下，特许厅长官应当将送交国际事务局的国际注册申请申请书的复本送交该国际注册申请的申请人。

第六十八条之四 （事后指定）

国际注册的名义人，可以按照经济产业省令的规定，向特许厅长官就议定书第三条之三规定的地域指定（以下称为地域指定）进行国际注册后的指定（以下称为事后指定）。

第六十八条之五 （国际注册保护期限的续展申请）

国际注册名义人可以按照经济产业省令的规定，向特许厅长官提出议定书第七条（1）规定的国际注册保护期限续展（以下称为国际注册保护期限的续展）申请。

第六十八条之六 （国际注册名义人变更登记的请求）

国际注册名义人或者其受让人，可以按照经济产业省令的规定，向特许厅长官请求变更议定书第九条规定的国际注册名义人的登记（以下称为国际注册名义人变更）。

前款规定的请求，可以按照国际注册的每个指定商品或者服务或者对国际注册具有效力的每个缔约国提出。

第六十八条之七 （有关商标注册申请规定的准用）

第七十七条第二款中准用的特许法第十七条第三款（限于第三项规定的部分）以及同法第十八条第一款的规定，准用于国际注册申请、事后指定、国际注册保护期限的续展申请以及国际注册名义人变更登记的请求。

第六十八条之八 （对经济产业省的委任）

除了第六十八条之二至前条规定事项外，有关实施议定书规定的国际注册申请、事后指定、国际注册保护期限的续展申请以及国际注册名义人的变更登记请求的具体事项以及具体规则，由经济产业省令规定。

第二节　国际商标注册申请的特例

第六十八条之九 （基于地域指定的商标注册申请）

指定日本国为指定地域的，视为在议定书第三条（4）规定的国际注册之日（以下称为国际注册日）提出的商标注册申请。但是，在进行事后指定的情况下，视为在议定书第三条之三（2）规定的国际注册事后指定在议定书第二条（1）规定的国际事务局登记簿（以下称为国际登记簿）上进行登记之日（以下称为事后指定日）提出的商标注册申请。

指定日本国的国际注册，国际登记簿上的下表上栏所列事项，视为记载于按照第五条第一款规定提出的申请书中的、同表下栏所列事项：

国际注册名义人的姓名或者名称及其住所	商标注册申请人的姓名或者名称及其住所或者居所
作为国际注册对象的商标	希望获得商标注册的商标
国际注册中的指定商品或者服务以及该商品或者服务的类别	指定商品或者指定服务以及第六条第二款的政令规定的商品或者服务类别

第六十八条之十 （国际商标注册申请申请时间的特例）

前条第一款规定的视为商标注册申请的地域指定（本章以下

称为国际商标注册申请）所属的注册商标（本章以下称为基于国际注册的注册商标），如果和该商标注册前的注册商标（基于国际注册的注册商标除外。本条以下称为基于国内注册的注册商标）相同，而且基于国际注册的注册商标的指定商品或者指定服务和基于国内注册的注册商标的指定商品或者指定服务重合、并基于国际注册的注册商标的商标权人和基于国内注册的注册商标的商标权人属于同一个人的情况下，在重合的范围内，该国际商标注册申请视为在基于国内注册的注册商标所属的商标注册申请之日提出的国际商标注册申请。

第六十八条之三十二第三款和第四款的规定，准用于前款的国际商标注册申请。

第六十八条之十一 （申请时间的特例）

国际商标注册申请适用第九条第二款规定的，同款中的"和商标注册申请一起"应替换为"自国际商标注册申请之日开始三十日以内"。

第六十八条之十二 （申请分割的特例）

国际商标注册申请，不适用第十条的规定。

第六十八条之十三 （申请变更的特例）

国际商标注册申请，不适用第十一条以及第六十五条的规定。

第六十八条之十四 （申请公开时在商标公报刊载事项的特例）

国际商标注册申请适用第十二条之二第二款的规定时，同款第二项中的"商标注册申请的编号以及年月日"应替换为"国际注册的编号以及国际注册日（在事后指定的国际商标注册申请情况下，指事后指定日）"。

第六十八条之十五 （按照巴黎公约主张优先权的手续特例）

国际商标注册申请，不适用第十三条第一款中因替换而准用的特许法第四十三条第一款至第四款的规定。

适用第十三条第一款中因替换而准用的特许法第四十三条之二第三款中准用的同法第四十三条第一款的规定的,同款中的"和特许申请同时"应替换为"自国际商标注册申请之日开始三十日以内"。

第六十八条之十六　（因商标注册申请而产生的权利的特例）

商标国际注册申请适用第十三条第二款中准用的特许法第三十四条第四款规定的,同款中的"除了继承和其他一般承继、特许厅长官"应替换为"国际事务局"。

国际商标注册申请,不适用第十三条第二款中准用的特许法第三十四条第五款至第七款的规定。

第六十八条之十七　（伴随国际注册名义人变更的国际商标注册申请的处理）

因国际注册名义人变更国际注册指定的商品或者服务的全部或者部分分割转移的情况下,国际商标注册申请视为变更后的名义人各自的商标注册申请。

第六十八条之十八　（关于修改后的商标提出的新申请的特例）

国际商标注册申请,不适用第十七条之二第一款或者第五十五条之二第三款（包括第六十条之二第二款中准用的情形）中准用的意匠法第十七条之三的规定。

国际商标注册申请,不适用第十七条之二第二款中准用的意匠法第十七条之四的规定。

第六十八条之十九　（商标权设定注册的特例）

国际商标注册申请适用第十八条第二款规定的,同款中"按照第四十条第一款规定缴纳了注册费,或者按照第四十一条之二第一款规定在核准商标注册的审查决定或者准司法判决副本送达之日起三十内缴纳了应该缴纳的注册费的"应替换为"国际事务局通知了按照第六十八条之三十第一款第二项缴纳的个别手续费已经登记在国际注册簿上的"。

国际商标注册申请适用第十八条第三款规定的，同款中的"商标注册申请编号以及年月日"应替换为"国际注册编号以及国际注册之日（在事后指定的国际商标注册申请中指事后指定之日）"，同款第五项的"注册编号以及设定注册的年月日"应替换为"国际注册编号以及设定注册的年月日"。

第六十八条之二十 （国际注册消灭的效果）

作为其基础的国际注册全部或者部分消灭时，在该消灭范围内的全部或者部分指定商品或者指定服务上的国际商标注册申请，视为撤回。

按照前条第一款规定因替换而适用的第十八条第二款规定获得设定注册的商标权（以下称为基于国际注册的商标权），作为其基础的国际注册全部或者部分消灭时，在该消灭范围内的全部或者部分指定商品或者指定服务上的商标权，视为消灭。

前两款的效果，自该国际注册从国际登记簿上消灭之日起产生。

第六十八条之二十一 （基于国际注册的商标权保护期限）

基于国际注册的商标权保护期限，自国际注册之日（在商标权设定注册前国际注册保护期限进行了续展的，指最近续展之日）起十年届满。

基于国际注册的商标权保护期限，可以通过国际注册保护期限的续展而进行续展。

国际注册保护期限续展时，基于国际注册的商标权保护期限，自原保护期限届满时续展。

国际注册保护期限没有续展的，基于该国际注册的商标权，视为自原保护期限届满时消灭。

第六十八条之二十二 （保护期限续展注册的特例）

基于国际注册的商标权，不适用第十九条至第二十二条以及

第二十三条第一款和第二款的规定。

　　基于国际注册的商标权适用第二十三条第三款规定的，同款中的"第二款的注册"应替换为"国际注册保护期限的续展"，同款第二项中的"注册编号以及续展注册的年月日"应替换为"国际注册编号以及国际注册保护期限的续展日"。

第六十八条之二十三　（商标权分割的特例）

　　基于国际注册的商标权，不适用第二十四条的规定。

第六十八条之二十四　（集体商标的商标权转移的特例）

　　基于国际注册的集体商标的商标权，除提出第七条第三款规定的文件的情形外，不得转移。

　　基于国际注册的商标权，不适用第二十四条之三的规定。

第六十八条之二十五　（商标权放弃的特例）

　　基于国际注册的商标权人，可以放弃该商标权。

　　基于国际注册的商标权，不适用第三十五条中准用的特许法第九十七条第一款的规定。

第六十八条之二十六　（商标权注册效果的特例）

　　基于国际注册的商标权的转移、因放弃而消灭或者处分的限制，未经登记，不产生效力。

　　基于国际注册的商标权，不适用第三十五条中因替换而准用的特许法第九十八条第一款第一项以及第二款的规定。

第六十八条之二十七　（在商标原簿上登记的特例）

　　基于国际注册的商标权适用第七十一条第一款第一项规定的，同项中的"商标权的设定、保护期限的续展、分割、转移、变更、消灭、恢复或者处分的限制"应替换为"商标权的设定、因信托而发生的变更或者处分的限制"。

　　基于国际注册的商标权保护期限的续展、转移、变更（因信托发生的变更除外）或者消灭，在国际注册簿上登记才发生效力。

第六十八条之二十八 （手续修改的特例）

在第十五条之二（包括第五十五条之二第一款（包括第六十条之二第二款中准用的情形）中准用的情形）或者第十五条之三（包括第五十五条之二第一款（包括第六十条之二第二款中准用的情形）中准用的情形）规定的指定期限内，国际商标注册申请可以对记载在申请书中的指定商品或者指定服务进行修改。

国际商标注册申请，不适用第六十八条之四十的规定。

第六十八条之二十九 （存在两个以上指定商品或者指定服务的商标权的特则的特例）

基于国际注册的商标权适用第六十九条的规定的，同条中的"第二十条第四款、第三十三条第一款、第三十五条中准用的特许法第九十七条第一款或者第九十八条第一款第一项"应替换为"第三十三条第一款、第六十八条之二十五第一款或者第六十八条之二十六第一款"，"第七十一条第一款第一项"应替换为"第六十八条之二十七第一款中因替换而适用的第七十一条第一款一项、第六十八条之二十七第二款"。

第六十八条之三十 （基于国际注册的商标权的个别手续费）

希望获得基于国际注册的商标权设定注册的人，必须向国际事务局按件缴纳议定书第八条（7）（a）规定的下列个别手续费（以下称为个别手续费）：

（一）每个类别 8600 日元加上 2700 日元的和；

（二）37 600 日元乘以类别数所得的乘积。

前款第一项所列个别手续费，必须在国际注册前缴纳，第二项所列个别手续费，应当在经济产业省令规定的期限内缴纳。

对国际商标注册申请作出核准商标注册的审查决定或者准司法判决的，特许厅长官应当将第一款第二项所列数额的有关该申请的个别手续费的缴纳期限通知国际事务局。

因第一款第二项所列数额的个别手续费没有缴纳，作为其基础的国际注册被撤销的，国际商标注册申请视为撤回。

希望获得基于国际注册的商标权保护期限续展的人，必须向国际事务局按件缴纳 48 500 日元乘以类别数所得乘积数额的个别手续费。

国际商标注册申请以及基于国际注册的商标权，不适用第四十条至第四十三条以及第七十六条第二款（限于附表第一项所列部分）的规定。

第六十八条之三十一　（对经济产业省令的委任）

第六十八条之九至前条规定之外的、为了实施议定书以及基于议定书规则的其他具体必要事项，由经济产业省令规定。

第三节　商标注册申请等的特例

第六十八条之三十二　（国际注册撤销后的商标注册申请的特例）

按照议定书第六条（4）的规定指定日本国为国际注册对象的商标，其全部或者部分指定商品或者指定服务上的国际注册被撤销的，该国际注册的名义人可以就该全部或者部分商品或者服务提出商标注册申请。

前款规定的商标注册申请，具备下列条件的，视为在同款规定的国际注册的注册日（在同款规定的国际注册进行事后指定的情况下，指该国际注册的事后指定之日）提出的注册申请。

（一）前款规定的商标注册申请自同款规定的国际注册被撤销之日起三个月内提出。

（二）希望获得商标注册的商标和前款规定的作为国际注册对象的商标相同。

（三）前款规定的商标注册申请指定的商品或者服务包含在同款规定的国际注册指定的商品或者服务范围内。

第一款的国际商标注册申请按照巴黎公约第四条规定享有优

先权时，按照同款规定提出的商标注册申请也享有该优先权。

第一款的国际商标注册申请按照第九条之三或者第十三第一款中因替换而准用的特许法第四十三条之二第二款的规定享有优先权的，按照同款提出的商标注册申请也享有优先权。

第一款规定的商标注册申请适用第十条第一款规定的，同款中的"商标注册申请的一部分"应替换为"商标注册申请的一部分（限于包含在第六十八条之三十二第一款的国际申请指定的商品或者服务范围内的情形）"。

第六十八条之三十三　（议定书废弃后商标注册申请的特例）

按照议定书第十五条（5）（b）的规定，指定日本国的国际注册名义人丧失了议定书第二条（1）规定的国际申请资格的，该国际注册名义人可以在该国际注册指定的商品或者服务上申请商标注册。

前条第二款至第五款的规定，准用于按照第一款规定提出的商标注册申请。在此情况下，前条第二款第一项中的"自同款规定的国际注册撤销之日起3个月内"应替换为"自议定书第十五条（3）规定的废弃效力产生之日起两年内"。

第六十八条之三十四　（驳回理由的特例）

按照第六十八条之三十二第一款或者前条第一款规定商标注册申请适用第十五条的规定的，同条中的"具备下列各项规定情形之一的"应替换为"具备下列各项规定情形之一的或者按照第六十八条之三十二第一款或者第六十八条之三十三第一款的规定，商标注册申请不具备第六十八条之三十二第一款或者第六十八条之三十三第一款或者第六十八条之三十二第二款各项（包括第六十八条之三十三第二款中因替换而准用的情形）规定的要件时"。

有关国际注册商标权的第六十八条之三十二第一款或者前条第一款规定的商标注册申请（在第六十八条之三十七以及第六十八条之三十九中指原国际注册的商标权的再申请），不适用第十

五条（限于第一项和第二项规定的情形）的规定

第六十八条之三十五 （商标权设定注册的特例）

按照第六十八条之三十二第一款或者第六十八条之三十三第一款规定提出的商标注册申请，自该申请所属国际注册的国际注册之日（国际注册保护期限续展时，指最近的续展之日）起十年以内作出核准商标注册的决定或者准司法判决的情况下，该申请所属的国际注册按照议定书第六条（4）被撤销之日前或者按照第十五条（3）的规定废弃效力发生之日前向国际事务局缴纳了第六十八条之三十第一款第二项所列数额的个别手续费的，不管第十八条第二款规定如何，都应当进行商标权的设定注册。

第六十八条之三十六 （保护期限的特例）

前条规定的商标权保护期限，自该商标进行国际注册之日起十年（该国际注册的保护期限进行了续展时，自最近的续展之日）届满。

前款规定的商标权保护期限，不适用第十九条第一款的规定。

第六十八条之三十七 （注册异议提出的特例）

对原国际注册所属商标权提出变更申请的商标注册适用第四十三条之二的规定的，同条的"、商标注册"应替换为"、商标注册（原国际注册所属商标权提出变更申请的商标注册，对原国际商标注册没有提出注册异议的，本条规定期限届满的除外）"。❶

---

❶ 该条的意思是：在第四十三条之二规定的商标异议期内对原国际商标注册没有提出商标异议时，对就该国际商标注册申请按照第六十八条之三十二第一款和第六十八条之三十三第一款规定提出的变更申请，不管是否在异议期限内，他人都不得再提出异议。

第六十八条之三十八 （商标注册无效准司法审判的特例）

对六十八条之三十二第一款或者第六十八条之三十三第一款规定的商标注册申请所属的商标注册提出第四十六条第一款的准司法审判的，同款中的"具备下列各项规定情形之一的"应替换为"具备下列各项规定情形之一或者违反第六十八条之三十二第一款或者第六十八之三十三第一款或者第六十八之三十二第二款各项（包括第六十八条之三十三第二款中因替换而准用的情形）"。

第六十八条之三十九

对原国际注册所属商标权提出变更申请的商标注册适用第四十七条规定的，同条中的"不得请求"应替换为"不得请求。即使自商标权设定注册之日起未满五年，原国际注册所属商标注册不能再按照第四十六条第一款提出准司法审判请求时，也是同样"。

第八章 杂　　则

第六十八条之四十　（手续的修改）

　　商标注册申请、防御标识注册申请、请求或者为了其他有关商标注册或者防御标识注册手续的人，在审查、注册异议审理、准司法审判或者再审过程中，可以修改。

　　商标注册申请人，不管前款规定如何，在申请的同时缴纳了第四十条第一款或者第四十一条之二第一款规定的注册费的，可以进行减少商标注册申请类别数的修改。

第六十九条　（存在两个以上指定商品或者指定服务的商标权的特殊规定）

　　存在两个以上指定商品或者指定服务的商标注册或者商标权，在适用第十三条之二第四款（包括第六十八条第一款中准用的情形）、第二十条第四款、第三十三条第一款、第三十五条中准用的特许法第九十七条第一款或者第九十八条第一款第一项、第四十三条之三第三款、第四十六条第二款、第四十六条之二、第五十四条、第五十六条第一款或者第六十一条中准用同法第一百七十四条第二款而准用同法第一百三十二条第一款、第五十九条、第六十条、第七十一条第一款第一项或者第七十五条第二款第四项规定的，视为按照每个指定商品或者指定服务进行的商标注册或者享有商标权。

第七十条　（和注册商标近似的商标等的特殊规定）

　　第二十五条、第二十九条、第三十条第二款、第三十一条第二款、第三十一条之二第一款、第三十四条第一款、第三十八条第三款、第五十条、第五十二条之二第一款、第五十九条第一项、第六十四条、第七十三条或者第七十四条所指的注册商标，包括与该注册商标近似、如果加上相同色彩即认为与注册商标相同的商标。

第四条第一款第十二项或者第六十七条中所指的注册防御标识，包括与该注册防御标识近似、如果加上相同色彩即认为与该注册防御标识相同的标识。

第三十七条第一项或者第五十一条第一款中所指的与注册商标近似的商标，不包括与该注册商标近似、如果加上相同色彩即认为与该注册商标相同的商标。

第七十一条 （在商标原簿上的注册）

下列事项，应登记在特许厅所准备的商标原簿上：

（一）商标权的设定、保护期限的续展、分割、转移、变更、消灭、恢复或者处分的限制；

（二）基于防御标识注册的权利的设定、保护期限的续展、转移或者消灭；

（三）转移使用权或者通常使用权的设定、保存、转移、变更、消灭或者处分的限制；

（四）以商标权、专有使用权或者通常使用权作为标的的质权设定、转移、变更、消灭或者处分的限制；

商标原簿的全部或者部分可以采用磁带（包括与其类似确实可以记录、留存一定事项的介质。以下规定相同）的形式制作。

本法规定以外的有关注册的必要事项，由政令规定。

第七十一条之二 （商标注册证等的交付）

商标权设定注册后，或者基于防御标识注册的权利设定注册后，特许厅长官应当将商标注册证或者防御标识注册证交付给商标权人。

商标注册证或者防御标识注册证的再交付，由政令规定。

第七十二条 （证明等的请求）

关于商标注册或者防御标识注册，任何人都可以请求特许厅长官发给证明、交付书面文件的复本或者抄本、阅读书面文件或者进行抄录、或者交付记录了商标原簿当中以磁带形式制作的部分中记录的事项的书面文件。但是，具备下列情形之一、特许厅长官认为有必要保持秘密状态的，不在此限。

（一）第四十六条第一款（包括第六十八条第四款中准用的情形）第五十条第一款、第五十一条第一款、第五十二条之二第一款、第五十三条第一款或者第五十三条之二（包括第六十八条第四款中准用的情形）规定的准司法审判或者对这些准司法审判的生效准司法判决进行再审过程中，当事人或者参加人提出记载了其保有的商业秘密（指反不正当竞争法第二条第六款规定的商业秘密）书面文件；

（二）存在危害个人名誉或者生活安定之虞的书面文件；

（三）存在危害公共秩序或者善良风俗之虞的书面文件。

前款第一项或者第二项所列书面文件，特许厅长官允许同款正文请求的，必须将该要旨及其理由通知提出该书面文件的人。

关于行政机关保有的信息公开的法律，不适用于和商标注册或者防御标识注册有关的书面文件以及商标原簿中以磁带形式制作的部分。

与商标注册或者防御标识注册有关的书面文件或者商标原簿中以磁带形式制作的部分记录的个人信息（指关于保护行政机关保有的个人信息的法律第二条第三款规定的个人信息），不适用同法第四章的规定。

第七十三条 （商标注册标记）

商标权人、专有使用权人或者通常使用权人按照经济产业省令的规定，在指定商品或者指定商品包装或者提供指定服务所用的物品上贴附注册商标的，或者在提供指定服务过程中在该服务接受者的、提供指定服务的物品上贴附注册商标的，必须在该商标上贴附表示其为注册商标的标记（以下称为商标注册标记）。

第七十四条 （虚伪标记的禁止）

任何人都不得从事下列行为：

（一）使用注册商标以外的商标时，在该商标上贴附商标注册标记或者与商标注册标记相混淆的标记的行为；

（二）在指定商品或者指定服务以外的商品或者服务上使用注册商标的，在该商标上贴附商标注册标记或者与商标注册标记相混淆的标记的行为；

（三）在商品或者该商品包装上贴附注册商标以外的商标、在指定商品以外的商品或者该商品包装上贴附商品注册商标、或者在商品或者该商品包装上贴附服务注册商标并附加商标注册标记或者与商标注册标记相混淆的标记，并且为了转让或者交付而持有这些商品或者商品包装的行为；

（四）在供服务接受者使用的物品上贴附注册商标以外的商标、在供指定服务以外的服务服务接受者使用的物品上贴附服务注册商标、或者在供服务接受者使用的物品上贴附商品注册商标并附加商标注册标记或者与商标注册标记相混淆的标记（次项中称为服务所属的虚伪商标注册标记物），并且为了使用这些物品提供服务而持有或者进口的行为；

（五）为了让他人使用服务所属的虚伪商标注册标记物提供服务而转让、交付、或者为了转让、交付而持有或者进口的行为。

第七十五条 （商标公报）

特许厅应当发行商标公报。

除了本法规定事项外，在商标公报上必须刊载下列事项：

（一）申请公开后不予核准注册的审查决定，商标注册申请或者防御标识注册申请的放弃、撤回或者驳回；

（二）申请公开后因商标注册申请产生的权利的承继；

（三）申请公开后记载在申请书的指定商品或者指定服务或

者希望获得注册的商标或者防御标识的修改；

（四）商标权的消灭（因保护期限届满而消灭以及因第四十一条之二第四款规定而消灭的情形除外）；

（五）注册异议或者准司法审判或者再审请求及撤销；

（六）注册异议生效的决定、准司法审判生效的准司法判决或者再审生效的决定或者生效的准司法判决；

（七）第六十三条第一款规定诉讼的生效判决。

第七十六条 （手续费）

下列之人，必须参照实际费用缴纳政令规定的手续费：

（一）第十三条第二款中准用的特许法第三十四条第四款规定的提出承继之人；

（二）按照第十七条之二第二款中（包括第六十八条第二款中准用的情形）准用的意匠法第十七条之四、第四十一条第二款（包括第四十一条之二第六款中准用的情形）、第四十三条之四第三款（包括第六十八条第四款中准用的情形）、第六十五条之八第三款或者次条第一款中准用的特许法第四条或者第五条第一款规定，请求延长期限的人，或者按照次条第一款中准用的同法第五条第二款规定请求变更期日的人；

（三）按照第六十八条之二的规定向特许厅长官提出国际注册申请的人；

（四）按照第六十八条之四的规定进行事后指定的人；

（五）按照第六十八条之五的规定向特许厅长官申请续展国际注册保护期限的人；

（六）按照第六十八条之六的规定向特许厅长官请求变更国际注册名义人记录的人；

（七）请求商标注册证或者防御标识注册证再交付的人；

（八）按照第七十二条第一款规定请求证明的人；

（九）按照第七十二条第一款规定请求书面文件的复本或者抄本的人；

（十）按照第七十二条第一款规定请求阅读书面文件或者复本的人；

（十一）按照第七十二条第一款规定请求交付记载商标原簿中通过磁带形式制作的部分中记录的事项的书面文件的人。

附表中栏所列之人，必须缴纳所列表格下栏金额范围内政令规定数额的手续费。

前两款规定，在按照这些规定应该缴纳手续费的人是国家的，不适用。

商标权、因商标注册申请而产生的权利或者基于防御标识注册的权利由国家和国家以外的人共有的，国家和国家以外的人按照第一款或者第二款规定应该缴纳的手续费（以政令规定为限），不管这些规定如何，国家以外的人都必须缴纳这些规定中的手续费金额乘以国外以外的人持有的份额所得乘积数额的手续费。

按照前款规定算定的手续费不满 10 日元的尾数，应当舍去。

第一或者第二款手续费的缴纳，按照经济产业省令的规定，必须采取特许印花的形式缴纳。

多缴、误缴的手续费，可以请求返回。

前款规定手续费的返还，自缴纳之日起满一年的，不得再提出请求。

第七十七条 （特许法的准用）

特许法第三条至第五条的规定（期间以及期日），准用于本法规定的期间和期日。在此情况下，同法第四条中的"第一百二十一条第一款"应替换为"商标法第四十四条第一款或者第四十五条第一款"。

特许法第六条至第九条、第十一条至十六条、第十七条第三款和第四款、第十八条至第二十四条以及第一百九十四条（手续）的规定，准用于商标注册申请、防御标识注册申请、请求以及其他和商标注册或者防御标识注册有关的手续。在此情况下，同法第六条第一款第一项中的"申请审查的请求"应替换为"注册异议的提出"，同法第七条第四款中的"对方请求的准司法审判或者再审"应替换为"该商标权或者基于防御标识注册的权利的注册异议或者对方请求的准司法审判或者再审"，同法第九条中的"驳回决定不服准司法审判"应替换为"商标法第四十四条第一款或者第四十五条第一款的准司法审判"，同法第十四条中的"驳回决定不服准司法审判"应替换为"商标法第四十四条第一款或者第四十五条第一款的准司法审判"，同法第十七条第三款中的"（二）手续违反本法或者基于本法的命令规定的方式时"应替换为"（二）手续违反本法或者基于本法的命令规定的方式时。（二）之二关于手续没有缴纳商标法第四十条第二款规定的注册费或者同法第四十一条之二第二款规定的应该与续展注册申请同时缴纳的注册费（包括商标法第四十三条第一款或者第二款规定的应该缴纳的增额注册费）时"，同法第十八条之二第一款中的"不能"应替换为"不能（符合商标法第五条之二第一款各项（包括同法第六十八条第一款中准用的情形）规定情形时除外）"，同法第二十三条第一款以及第二十四条中的"准司法审判"应替换为"注册异议的审理以及决定、准司法审判"，同法第一百九十四第一款中的"准司法审判"应替换为"注册异议、准司法审判"。

特许法第二十五条（外国人享有的权利）的规定，准用于商标权和其他与商标注册有关的权利。

特许法第二十六条（条约的效力）的规定，准用于商标注册以及防御标识注册。

特许法第一百八十九条至第一百九十二条（送达）的规定，准用于本法规定的送达。

特许法第一百九十五条之三的规定，准用于本法或者基于本法的命令规定的处分。

特许法第一百九十五条之四（按照行政不服审查法对不服申请的限制）的规定，准用于本法规定的决定、修改的不予受理决定、撤销决定或者准司法判决以及注册异议申请书或者准司法审判或者再审请求书的不予受理的决定以及按照本法不能提出不服申请的处分。

第七十七条之二　（临时措施）

在制定、修改、废除基于本法规定的命令时，制定、修改或者废除的合理、必要范围内，命令可以规定所需要的临时措施（包括关于罚则的临时措施）。

第九章 罚 则

第七十八条 （侵害罪）

侵害商标权或者专有使用权的人（从事第三十七条或者第六十七条规定的视为侵害商标权或者专有使用权的侵害行为人除外）、处十年以下徒刑或者 1000 万日元以下罚金，或者两者并罚。

第七十八条之二

从事第三十七条或者第六十七条规定的视为侵害商标权或者专有使用权行为的人，处五年以下徒刑或者 500 万日元以下罚金，或者两者并罚。

第七十九条 （欺诈行为罪）

采取欺诈行为获得商标注册、防御标识注册、商标权或者基于防御标识注册的权利保护期限的续展注册、注册异议的决定或者准司法判决的人，处三年以下徒刑或者 300 万日元以下罚金。

第八十条 （虚伪标记罪）

违反第七十四条规定的人，处三年以下徒刑或者 300 万日元以下罚金。

第八十一条 （伪证等罪）

按照本法宣誓的证人、鉴定人或者翻译人向特许厅或者受其委托的法院进行虚伪陈述、鉴定或者翻译时，处三年以上十年以下徒刑。

犯前款罪的人，在案件判决复本送达、注册异议决定或者准司法判决生效前自首的,可以减轻或者免除其刑罚。

第八十一条之二 (违反秘密保持命令罪)

违反第三十九条中准用的特许法第一百零五条之四第一款规定(包括第十三之二第五款中准用的情形)命令的人,处五年以下徒刑或者500万日元以下罚金,或者两者并罚。

前款犯罪,非告诉不得提起公诉。

第一款犯罪,对于在日本国外犯同款罪者,也适用。

第八十二条 (两罚规定)

法人代表人或者法人、自然人的代理人、使用人以及其他从业人员,对于法人或者自然人的业务存在下列违反行为的,除处罚行为人外,对该法人处以各项规定的罚金刑或者对该自然人处以本条规定的罚金刑。

(一)第七十八条、第七十八条之二或者前条第一款:3亿日元以下的罚金刑;

(二)第七十九条或者第八十条:1亿以下的罚金刑。

在前款情况下,对该行为人进行前条第二款规定的告诉、对该法人或者自然人发生效力,对该法人或者自然人的告诉,对该行为人发生效力。

按照第一款规定,违反第七十八条、第七十八条之二或者前条第一款行为的法人或者自然人处以罚金刑的时效期间,应当按照这些规定中对犯罪的时效期间处理。

第八十三条 (过失罚款)

按照第二十八条第三款(包括第六十八条第三款中准用的情形)中准用的特许法第七十一条第三款中、第四十三条之八(包括第六十条之二第一款以及第六十八条第四款中准用的情形)或者第五十六条第一款(包括第六十八条第四款中准用的情形)以及第六十一条(包括第六十八条第四款中准用的情形)中准用的同法第一百七十四条第二款中、第六十二条第一款(包括第六十八条第五款中准用的情形）中准用意匠法第五十八条第二款中、或者第六十二条第二款中（包括第六十八条第五款中准用的情形）准用同法第五十八条第三款中分别准用特许法第一百五十一条中准用的民事诉讼法第二百零七条第一款的规定进行了宣誓的人，对特许厅或者受其委托的法院进行虚伪陈述时，处10万日元以下的过失罚款。

第八十四条

按照本法规定经过特许厅或者受其委托的法院传唤的人，没有正当理由不前往或者拒绝发誓、陈述、证言、鉴定或者翻译的，处10万日元以下过失罚款。

第八十五条

关于证据调查或者证据保全，按照本法规定经特许厅或者受其委托的法院命令提出或者提示书面文件或者其他物件的人，没有正当理由拒绝服从其命令时，处10万日元以下过失罚款。

商标法附表（第七十六条的关系）

缴纳义务人	金额
商标注册申请人	每件6000日元＋每个类别15 000日元
防御标识注册申请或者基于防御标识注册的权利保护期限的续展申请人	每件12 000日元＋每个类别30 000日元
商标权分割申请人	每件30 000日元
按照第二十八条第一款（包括第六十八第三款中准用的情形）的规定请求判定的人	每件4000日元
注册异议提出人	每件3000日元＋每个类别8000日元
申请参加注册异议审理的人	每件11 000日元
请求准司法审判或者再审的人	每件15 000日元＋每个类别40 000日元
申请参加准司法审判或者再审的人	每件55 000日元